追手門学院の履歴書

～自分史を語る～

50!
追手門学院大学
変わるもん、おうてもん。

まえがき

学校法人追手門学院　理事長　川原　俊明

　このたび追手門学院では大学創立50周年記念号として、追手門学院の履歴書（大学編）を刊行することになりました。２０１６年の大学50周年、２０１８年の学院創立１３０年の記念事業の一環であります。

　この履歴書シリーズは、学院が創立１２０年を迎えたのを記念して刊行され、すでに第３巻まで発刊済みです。今回の大学編は第４巻目にあたります。

　追手門学院大学は、創立時から今日に至る約50年もの間、幾多の逸材を輩出してまいりました。多くの卒業生は関西を中心に全国のみならず世界を股にかけて活躍されています。建学の精神である「独立自彊　社会有為」をまさに体現するものと言えるでしょう。

今回の大学編では、大学卒業生の現在の活躍ぶりや、学生時代の思い出、あるいは在学生へのメッセージをテーマに、自分史を語っていただきました。大学第1期卒業生の芥川賞作家・宮本輝さんをはじめ、大学教授、企業経営者、女優、一級建築士、司法書士、など実に多彩な方々に執筆をご快諾いただきました。

カンボジアで地雷撤去のボランティア活動を営んだり、世界中を自転車で走破してきた冒険家たち。国内に留まらず海外を檜舞台に活動する若き卒業生たちの行動力の原点はどこにあるのでしょうか。

在学生も負けてはいません。シンクロナイズドスイミング日本代表選手、あるいはオリンピックをめざす女子ラグビーの選手、さらにはモトクロスの選手など。大学の強化方針に基づいて元気な学生たちがスポーツの裾野を押し広げ、追手門学院全体に活気を与えてくれています。

その意味で、本書は追手門学院大学のすべての後輩に対するメッセージであります。同時に本学の歴史を振り返る記念誌でもあります。

卒業生をはじめ、在学生、保護者、教職員、取引関係企業などステークホルダーの皆様方を中心に、追手門学院に関心を寄せていただく多くの方々にぜひ本書をご愛読いただき、本学へのさらなるご理解とご支援をお願い申し上げる次第です。

先輩諸氏の奮闘を励みに

追手門学院大学　学長　坂井　東洋男

大学創立50周年を記念しての『追手門学院の履歴書（大学編）』が出版の運びとなりました。ご多忙にもかかわらず、執筆をご快諾いただいた27名の方々に厚く御礼申し上げます。

今回ご執筆いただいたのは、スポーツ分野でめざましい活躍をみせた在学生3名ほかは全て卒業生。各界で華々しく活躍している幾多の卒業生のほんの一部の方に過ぎませんが、数多くの珠玉の名作で知られている芥川賞作家の宮本輝氏を始め、大学など教育界で尽力なさっている方々、タレント活動や海外でのボランティアでご活躍中の方、あるいは個性的な企業の経営者や役員とまことに多士済々、まさにこの『履歴書』シリーズは本学卒業生の力量を如実に誇示するものにほかなりません。

本書を出版した目的は、創立50周年の機会に先輩諸氏の活躍ぶりを再確認することはもちろん、そのことで学生諸君には発奮材料にしていただきたいという願いもこめています。時代の風潮で、ともすると微温的な空気に流されがちです。のんべんだらりと過ごしたいのは誰しもの願いですが、若い頃には、張りつめた気分で奮起する時期をもちたいもの。

社会に出ての活躍は才能の賜物である以上に、その陰には人知れぬ奮闘が秘められています。障害や壁を乗り越えてこその開花です。本学院の「独立自彊」という崇高な教育理念を体現するためには、功は一朝一夕にしては成らぬことを肝に銘じ、厳しい自己鍛錬に励まなければなりません。

難しい課題に挑戦し、それが成功するかどうかの分かれ目は、能力以上に根気がものを言います。そして、その根気は、悲観的に物事を考える姿勢からは、決して生まれません。

どんなに難しいと思える課題に対しても、不可能な課題、克服できない課題などはないと考える楽観精神、あるいは、プラス思考、これが追手門学院大学の学生、卒業生に、伝統的に受け継がれてきた優れた気風、美風であります。

一度や二度の失敗でくじけない、不屈のチャレンジ精神、追大卒業生のこの伝統精神をぜひ引き継ぎ、先輩諸氏につづく「社会有為」の活躍を期待しています。

目次

小さな苗木

宮本　輝

- 1947年　兵庫県生まれ
- 1970年　追手門学院大学文学部卒業
- 作家
- 77年に自身の幼少期を描いた『泥の河』で太宰治賞を受賞、文壇デビュー。78年には『螢川』で芥川龍之介賞を受賞し、作家としての地位を確立する。87年、『優駿』で吉川英治文学賞受賞。04年、『約束の冬』で芸術選奨文部科学大臣賞文学部門受賞。その他著書に『道頓堀川』や『青が散る』、『流転の海』、『春の夢』、『ドナウの旅人』など多数。

若者というのは、小さな子どもさんも含めて大学生もですが、木でたとえれば小さな苗木です。まだ小さな苗木もあれば少し育った苗木もある。でも所詮まだ苗木です。

だから大切に育てていかなくてはならないのですが、じゃあ温室の中で育つかというと、木というのは大木になるためには、やはり暑い暑い夏のカンカン照りに照らされたり、寒い冬の木枯らしにさらされたり、そういう時期を何度も何度も繰り返し、丹念に水をやり周りの草を抜いたりしながら、そうやって少しずつ少しずつ大木になっていきます。

人間も同じだと思います。皆さんはまだ苗木ですので、明日大木になろうなんて、そういう焦りというものは絶対に禁物です。大木になるためには、何十年とかかるのです。何十年間、明日芽が出なくても、明後日芽が出なくても、花が咲かなくても、自分はいつか必ず大木になるのだと、丹念に水をやり続けていれば、夏の暑い日差しに負けなければ、冬の寒い木枯らしもこれも大きな栄養になるのだと思えば、1年や2年、あるいは3年や5年、10年の辛い時期なんか平気で過ごせるはずです。そうやって大きなサイクルで、大きな大木になっていくのだという気持ちで、二度とない青春を送ってください。

追手門学院という、この歴史のある学院は、そういう苗木が育っていくには格好の条件を整えています。皆さん方の中から、追手門学院の卒業生の中からたくさんの立派な人材が出てくることを先輩として大変楽しみにしております。

世界中の人に日本酒の旨さ、日本酒の魅力を伝えたい

朝倉　康仁

・1975年　福井県生まれ
・2000年　追手門学院大学心理学部　卒業
・「日本酒BARあさくら」の店主。追手門学院大学非常勤講師。同志社大学非常勤講師。

大学時代に出会った日本酒の魅力

お酒が飲めるようになった当初は、よく大衆居酒屋で飲んでいました。飲むときは一～二杯目はビール、三杯目からは日本酒というのがお決まりのパターン。当時、いつも行く居酒屋の日本酒メニューは「冷酒」と「熱燗」しかありませんでしたが、そのうち世間で創作居酒屋やダイニングバーが流行り出して、行ってみると「八海山」や「久保田」などの銘柄が並んでいた。何だろうと気になって飲んでみると、それまで飲んでいた日本酒よりも断然おいしいんですよね。それからどんどん夢中になって、自分で日本酒の種類や味を調べるようになりました。ただ、そのころはあくまでも日本酒は趣味で、将来は言語心理学の研究者をめざしていました。だから追大では人間学部心理学科に所属して専門を深め、英語の文献を読んだり留学生のガイドボランティアをしたりして英語力を磨きました。関西外国語大学大学院に進学後、研究者の道は諦めましたが、慣れ親しんだ学術書や専門書を扱う洋書専門の書店への就職を決めました。

趣味だった日本酒を一生モノの仕事に

就職後も仕事が休みになると試飲会へ参加するなど、造り手たちと交流を深めながら日本酒を学ぶ日々を送っていました。そのころ、世間は焼酎ブームで日本酒のニーズは減ってきていました。しかし、造り手たちが真摯に酒造りに取り組んでいることを知っていたし、日本酒は本当においしいので、私の日本酒に対する気持ちは変わりませんでしたね。

ある日、「ビールも焼酎も好きだけど、日本酒は飲めない」という同僚を誘って、日本酒のおいしい店に行ったときのことです。飲めないという彼に、試しに日本酒を飲んでもらったところ、彼はそれをとても気に入ってくれました。単なる飲まず嫌いだったわけです。

このときの経験から、日本酒の魅力が消費者にきちんと伝わっていないのではないか、と思うようになり、日本酒のおいしさや奥深い日本酒文化を知ってもらうための店をつくろうと決意しました。とはいえ当時は、家族はもちろん、友人でもある蔵元さんたちにも無謀だと反対されました。それでも何とか日本酒を広めたいという情熱を訴え続けたことで、周囲に納得してもらうことができました。

店をオープンして一年間は、覚悟はしていましたがやはり大変でした。好転するきっかけになったのは、備忘録的な意味で書いていたブログです。このブログが宣伝になるとは思っていなかったのですが、ブログを見たというお客さまが少しずついらっしゃるようになり、そこから口コミで広がり、雑誌にも掲載され、徐々に人気が出てきました。

もっと日本酒の裾野を広げたい

店が軌道に乗ってきたころ、同志社大学に一般人から授業を公募する取り組みがあることを知り、学生に日本酒文化の魅力を伝えるために応募。テーマが「アルコール」ということもあり二年落選しましたが、三年目の応募となる二〇一四年、とうとう採択されました。さらに、このことを恩師である水藤龍彦先生に伝えたところ「追大でもやってみないか?」と誘っていただき、現在は同志社大学と追手門学院大学で「飲酒文化概論」の授業を受け持っています。追手門学院大学の授業では、世界各国から来た留学生に英語で日本酒の魅力を伝えることができるというのもやりがいですね。

「日本酒BAR あさくら」は日本酒が好きな人が来るところですが、大学は日本酒について興味がない人にも日本酒のすばらしさを教えることができます。そういう意味では、まったく違うアプローチができるわけで、そこに可能性を感じています。今後は二つの方向から、日本酒の魅力を発信できるように頑張っていきたいです。

追大社会学に救われる

足立　重和

・1969年　兵庫県生まれ
・1991年　追手門学院大学文学部　卒業
・追手門学院大学社会学部　教授

追手門学院大学との出会いは、ひょんなことからだった。高校生活もあと数か月、担任教師から「志望校はムリ」と宣告され、私にもどこか入れる大学はないか、と大手書店で大学案内を物色していた。ふとあるパンフレットに目が止まった。追手門学院大学文学部社会学科……。大阪育ちならばどこかで聞いたことのある学院名に続く、「文学部」と「社会学科」という奇妙な取り合わせ。しかも、「社会学」という今までに聞いたことのない学問名。大学案内を開いてみると、そこには確か〝日常生活に展開する権力を探る〟といった魅力的なテーマが掲げられていた。なんだかおもしろそうだと直感し、他のものといっしょに、その大学案内・願書を買った。

それから数か月後、大学受験にことごとく失敗し、追手門学院大学文学部社会学科だけが合格を出してくれた。時代はちょうどバブル期で、アルバイトには事欠かなかったので、バイトをしながら浪人するという道もあった。しかし、二度と受験勉強などしたくなかったし、そんな人間が浪人するとそのままズルズルとバイトをしながら遊び呆けてしまうと思い、なし崩し的に入学を決めた。だが密かに、他大学のすべてが落ちて、追手門学院大学だけ、あの文学部社会学科だけ決まればいいなとも思っていた。それは、当初の直感への賭けでもあった。

とはいうものの、大学に行くには行ったが授業には身が入らず、バイトと遊びに明け暮れる日々を送っていた。スイミングのインストラクター、建築現場、果物配達、日雇い仕事など、さまざまなバイト体験で、私は社会を肌で感じていた。そんなとき、その肌感覚にしっくりくる講義に出会うこととなる。それが後の師となる、田中滋先生の講義であった。講義では、独創的な理論的思考でもって生々しい社会現象をたちどころに説明してみせる田中先生の語り口に魅せられた。そこから、ことあるごとに先生の研究室を訪ねるようになる。先生の研究室はとても自由で開放的な雰囲気があり、いろんな学生が出入りしていた。私も研究室のコーヒー目当てに、アルバイトでの体験談などをネタにしていた。すると先生は、私の話をおもしろがられ、いろいろと質問された後、私の体験と社会学理論を結びつけられるのであった。なんと現実と直結した学問であるのか——そこから、私は社会学の世界に足を踏み入れた。

また、当時の社会学科には、学会で著名な重鎮から気鋭まで、実にいい先生ばかりが集まっていた。そんな先生方が担当していたのが、学科名物だった「調査プロジェクト」だ。それは、各先生が一つのテーマを決めて、学生たちを現場に連れ出すというものだった。単位には関係ないので、やる気のある学生だけがそのプロジェクトに参加する。私は、調査とはどんなものなのかという軽い気持ちで田中先生が担当する長良川河口堰建設問題のプロジェクトに参加したのだが、そこで出会った仲間が元気な人たちばかりであった。田中先生とともに、ときには自分たちだけで、長良川流域の各市町村を訪れ、インタビューをし、それを持ち帰っては研究室で議論する。プロジェクトに参加したメンバーは、私以外すべて女性なのだが、卒業して二十年以上経った今でも交流がある。また、このプロジェクトで訪れた郡上八幡という町が、私のライフワークの場となった。

卒業後、私は、他大学の大学院へ進み、愛知県の大学に十五年半勤務した後、二〇一二年より母校の教員として追手門学院大学に帰ってきた。これまでを振り返ると、本当に追手門学院大学社会学に救われた。その恩返しとして、混迷する現代社会に生きる追手門学院大学生に、社会学を通じて何らかの生きるヒントを与えることができれば、と日々教壇に立っている。

「人」が成長できる会社に

井谷　憲次

・1951年　兵庫県生まれ
・1975年　追手門学院大学経済学部　卒業
・TOA株式会社　代表取締役社長

常に新しい目標を持ち、一ランク上を目指す。
大切なのは、疑問を持ったら、その答えを探すこと。

大学時代は漕艇部で厳しい練習に食らいつき、負けるもんか！と努力する毎日でした。人間って、おもしろいもので目標があるとそれに向かってチャレンジしていくんです。絶えず新しい目標を持ち、現状に満足しないでもう一つランクを上げようとする。こういう考えを漕艇部で叩き込まれ、この姿勢が社会人になってからも活かされてきました。

入社後すぐ、福岡で営業していたときのことです。当社は音響機器、セキュリティ機器の専門メーカーなのですが、当社への注文はどう入るのか疑問に思い、取引先の大手卸会社にお願いし、数日間常駐して注文の流れを見続けました。すると、電話で注文を受けた担当者に商品決定権があるということに気づいたんです。つまり、彼女たちに当社の商品を知ってもらわなければ売上は上がらない。そこで勉強会を開かせてもらい、取扱商品であるアンプやスピーカー、マイクロホンなどの基礎知識を知って頂きました。「今まで聞かれても全然答えられなかったから、助かるわ！」と喜んでもらえ、翌月から売上が飛躍的に上がりました。そして、次は卸会社の営業担当者について発注元の電気店へ行き、どんな需要があるかを聞き出してみたんです。すると教育関係に顧客が多いことがわかり、直接学校へも営業に行きました。今でいうマーケティングですね。実際に使うお客さんのニーズをつかみ、我々はそれにいかに応えて、いい「音」を提供できるか。それが何よりも大切。だから、私はこのやり方を貫いて売上を上げていきました。

ある先輩に「先輩から言われたことに対して疑問を持ちなさい。『なぜ？』と最低でも三回考えなさい」と言われたんですが、まさにそうだなと思いました。何にでも疑問を持ち、その理由を辿っていけば答えは出る。それを繰り返していけば何でも解決できるものです。

何ごとに対しても「おかげさま」の心で。

その後、東京へ異動になりましたが、実はそのころ、何でもうまくいくものだから、私は天狗になっていたんです。あるとき、酒の席で先輩にもカッコつけていろいろ話していたら、その先輩が箸袋にサササッと書いて渡すんですよ。「恵まれた環境を自分の実力と勘違いするんじゃないよ」と書かれていました。自分が置かれている状態、先輩、同僚、家族、経済状況など、君を取り巻くすべての環境がどれほど恵まれているかを考えてごらんなさい、君が成し遂げられたのは、まわりのおかげがあったからでしょう？　と。これには鼻をへし折られました。ここからです。「おかげ」という言葉を意識して使うことで、視野が広がり、まわりにも目を向けられるようになったのは。この先輩と出会っていなければ、今の自分はないと思います。

ほかにも当時の社長をはじめ、さまざまな先輩に助けられてきました。自分のためになることを言ってくださる先輩方がいるという、まさに恵まれた環境でした。今もまわりの人間に恵まれていて本当に感謝しています。ですから、今は社長として恵まれた環境を従業員に提供したいと思っています。

従業員が成長し続ける会社にしていきたい。

私の夢は、当社を従業員一人ひとりが成長し続ける会社にすることです。従業員が自分の成長を実感できるような会社にしたいんです。人が成長すれば会社も成長しますから。成長しない企業なんて何の魅力もないでしょう?

そのために、二〇〇九年に社長を拝命してから実践しているのが、従業員と接点を持つことです。例えば新入社員には入社三か月ごろに、エールとなるような言葉を送っています。「理想と現実との違いに落胆するのは当たり前。夢は自分でかなえるもの、あきらめずチャレンジし続けなさい」「失敗を恐れるな。失敗して萎縮する方が企業にとってはマイナスです」「『企』から『人』をとると『止』という字になる、つまり人がいなければ業が止まってしまう。企業は人で決まります。君はＴＯＡの『人』であることを忘れずに」といった内容です。ほかにも重責を担う新任の管理職から話を聞くために全国を回ったり、各事業所の日ごろの雰囲気を肌で感じるために訪問したり、あるいは従業員のためのご苦労さん会を開いたりと、直接触れ合う機会を大切にしています。

せっかく縁あって入社してくれた人を育てる義務が我々にはあります。会社の業績を上げているのは我々役員じゃありません。従業員一人ひとりです。だから、その人たちを成長させていける環境を整えなければいけませんし、少しでも社会人として生きる上でヒントとなるような言葉を送れるように心がけています。これからも、恵まれた環境を自分の実力と絶対に勘違いするな、と肝に銘じてやっていくだけです。

水辺の記憶

一本松　伸

・1949年　大阪府生まれ
・1971年　追手門学院大学経済学部　卒業
・一本松汽船 社長
大阪シティクルーズ推進協議会理事。
「泥の河」文学碑保存会副会長。

私は、大学第二期生でした。ゼミは、高井家治先生の会計学、クラブ活動は柔道部に所属し、四年間練習を休んだことはありませんでした。ゼミの講義以外はアルバイト先から体育館への往復の毎日でした。高井先生は、常々「大学生活は、学問はもとより人間形成が第一の目的である」と仰しゃっていました。このことが強く頭に残っていたことから、私は、『アルバイトを通じていろんな方と接し、教えを請い、鍛えてもらうことこそが社会に出てからも役に立つのだ』と自分なりに解釈しました。結果、四年間で二十数種類のアルバイトをこなし、一日に朝昼晩三つの掛け持ちも軽くこなすことができたのです。働くことにかけては、小さい頃からおやつ代を自分で工面するような子供だったので何の抵抗もありませんでした。これでよく卒業ができたものだとつくづく思います。でもこのことが社会に出てから大いに役に立ったことも事実です。これも学友、よい先生方のアドバイスがあったからこそ充実した四年間を過ごすことができたのだと思います。

私は、中之島の西端で生まれ育ち、現在も土佐堀川左岸の湊橋のたもとで、貸切船や、イベント船を中心に遊覧船業を営んでおります。子供のころから今もずっと中之島、土佐堀川には縁があり、さまざまな移り変わりを見てきました。

昭和三十年ごろ、今では想像もつかないと思いますが、当時の夏の日の土佐堀川は、船頭さんたちが思い思いに、バケツで川の水を汲んでは身体を洗っていたくらいきれいな川で、コイやフナ、ウナギまで獲れていました。また、あたりの川では、小さな船に食料や雑貨を積みこんでは、売りに来るという「行商船」と呼ばれる船がありました。田端義夫の『かえり船』の音楽を鳴らしながら川を行き来していたので、その船を皆は「ばたやん船」と呼んでいました。遠い遠い昔の、のどかな記憶です。

私が中学一年生だった、昭和三十六年九月の第二室戸台風では、防潮堤が決壊し、私の家も大きな被害を受けました。私の父は、電信柱に必死にしがみついて命を守りましたが、私の教科書や文具類はすべて流されてしまいました。その後、高い防潮堤が設けられたため、ずいぶん町の風景も変わったのです。

高度成長時代に入り、工場の廃水等で、どんどん汚染が始まり、昭和四十五年ごろにかけてはメタンガスの発生でヘドロが浮き上がり、目に見えて汚染が進んでいるのが分かりました。それが原因で、泳いでいる魚は、ほとんど背骨が醜く曲がっていたことを覚えています。しかし、時がたち、水面の浄化が進み、幸いにも今では河川に魚が戻ってきています。

平成二十三年六月、大学の先輩でもある宮本 輝さんの小説『泥の河』で「郭船」が係留されていた場所に、念願の船着場（ぽんぽん船船着場）が完成しました。「この縁のある地に、そして地元活性化のためにも文学碑を建立したい」と、宮本さんにご相談したところ快諾していただき、『泥の河文学碑』を建立することができました。

宮本さんをはじめ、大勢の追手門学院大学関係者、地元関係者そして協賛していただいた方々、参加のもと除幕式が執り行われたとき、つくづく土佐堀川が取り持つ御縁と感じずにはいられませんでした。

文学碑の見学者数も日ましに増え、関係者一同大変うれしく思っております。これを機に大阪の新しい名所になりますよう願っております。

宮本輝ミュージアムに『「泥の河」の舞台となった安治川を辿る』というビデオがありますのでそれを見ていただくと当時の様子がよくわかります。ぜひ足を運んでいただきたいと思います。

未来を創造した
“三つの大切な出会い”

井元　憲生

・1953年　兵庫県生まれ
・1976年　追手門学院大学経済学部　卒業
・株式会社バリュープランニング
　代表取締役社長

追手門学院大学での学生時代を思い返すと浮かんでくるのは、構内へと続く美しい坂道、憧れを持って眺めた駐車場に停められた外国車、そして何ともいえず美味しかった学食のカレーライス。高校時代までを地方の実家で暮らし、大学入学を機に大阪へと引っ越してきた私にとって、追手門学院大学には、これまで経験したことのない光景が広がっていました。そのように夢見がちにスタートした私の大学生活ですが、ここで過ごした四年の日々のなかには、後々の私に大きな影響を与えてくれた〝三つの大切な出会い〟がありました。

一つ目は経済学部のゼミの教授。この教授は大変親切に教えてくださる方で、学生との付き合い方もフランクでした。授業中だけでなく、卒業前には私たちゼミ生をミナミの居酒屋に連れて行ってくれ、これからの人生を励ましてくださるなど、とても人間味溢れる方でした。元来、勉強が嫌いな私ですが、この教授との出会いがあったからこそ、経済学のおもしろさに気が付き、楽しく学ぶというありがたい経験をさせていただきました。

二つ目は友人たちとの出会いです。追手門学院大学には裕福な学生が多く、友人になってからは自宅に呼んでもらったり、一緒に遊びに出かけたり、と多くの時間を過ごしました。私の知っていた遊びとはスケールが違い、都会的でカッコいい様子に刺激を受け続けたものです。しかも素晴らしいことに、彼らは遊びだけではなくしっかりとした考え方も持っており、将来は家業を継ぐ、自分で事業を興す、といった明確な将来像も持っていました。そんな友人に囲まれていたからか、私自身も自然と〝将来は起業するのだ〟という強い想いを持つようになっていました。今思うと、この経験が後に私の独立志向へのきっかけとなったのだと思います。

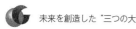

そして、三つ目の出会いは、学校外の世界でした。学業のみならず、アルバイトにも精を出していた学生時代の私は、昼は百貨店で販売を行い、夜はバーテンダーを掛け持ちして過ごしていました。モノを販売する現場やサービスの基本に触れたのもこの時期で、大学生活を終えるころには「モノを売る」「お客様を喜ばせる」というビジネスが自分の肌に合っていると実感するようになっていました。

このように私の学生時代は、多くの学びを得た四年間でした。その後、学生時代の経験に背中を押され、十八年間のサラリーマン生活を経て、人生八十年の半分である四十歳で、アパレル会社を起業しました。すでにアパレル会社が世の中に何万社と存在するなかで、オンリーワンの存在になるため、商品を〝パンツ〟に絞り込んだビジネスを展開してきました。社会が成熟するにしたがって女性のパンツ着用比率も年々上昇するだろうと考えたとおり、世の中のニーズとビジネスの内容がうまく噛み合い、現在はストレッチパンツ専門店「ビースリー」を全国約二五〇店舗に加えて海外にも展開する規模まで発展させることができました。これも大学時代の〝三つの大切な出会い〟のおかげです。私に豊かな経験の場を与えてくれた、追手門学院大学に感謝しています。

最後になりますが、後輩のみなさん、すでに人生のビジョンを描いているでしょうか？ 人生にとって重要なのは未来を語ることです。未来を語るには「創造」が必要です。「創造」すると、いいアイディアがたくさん出てきます。こうして出てきたアイディアを実行に移していく、「勇気」が大切です。この「勇気」を持つため、「心（精神力）・技（技術）・体（体力）」を養い、充実した学生生活を送られることを願っています。

私の人生運は追大にあり

大谷　彰良

・1950年　大阪府生まれ
・1973年　追手門学院大学文学部　卒業
・学校法人 甲南学園甲南小学校 学園長兼校長

このたびは追手門学院大学創立五十周年を迎えられ、心よりお祝い申し上げます。

私は、追手門学院大学第四期生として文学部に入学しました。初代学長・天野利武氏の教育方針である、「学院の歴史と伝統を継承する事」、「身心を鍛錬し、人間性を高め、民主主義を求めて地域社会や国家に貢献する事に生きがいを感じる事」、「国際的視野・見識を有する事」をどれだけ理解し、実行できているか、自信のほどはありませんが、社会に貢献できるよう日々努力しているのは間違いありません。

私は、教育者の一人として、幼稚園と小学校に携わっています。私なりに学園目標として「ひとに優しく　自分に厳しい甲南生」のスローガンを掲げ、子供たちと教師とともに学んでいます。

追大での四年間は勉学に励んだ学生ではありませんでした。ただ単位修得には要領よく履修しましたが、当時体育の授業は大変厳しく、真剣に取り組んだのを覚えています。

日ごろから親には、「学生は勉強するのが仕事」と言われ続けてきましたが、私は、社会勉強の方に力を注ぎました。それはアルバイトでした。職種はさまざまで、販売・ウエイター・調理手伝い・製造工場の雑用・市役所事務等、二年間で十数か所でそれぞれの仕事をしました。一番長くしたのがカラーテレビの店頭販売とマンションのモデルルームの接客の対応でした。慣れないこともあり、苦慮しましたが、今になってみれば、社会性を身につけさせていただいたんだと、感謝するばかりです。

学校教育で子供に求める学習観点の一つに、「興味・関心、意欲、態度」があります。正しく、人間力を身につけるうえでも大事であります。勉強をあまりしてこなかった私が、自然に身につけていたのは、教育の原点とも言うべく「興味・関心、意欲、態度」だったのです。この学習の機会をいただいたのは、追大での学び舎が根底にあります。

よき先輩、よき友、そして人生の伴侶との出会いがありました。入学まもなくして、文芸部に入りました。先輩の部員とともに、本を読み、詩や童話、随筆等を書き、文集作りに努めました。冊子作りには費用がかかります。そこで部員で手分けして、広告依頼に足を運びました。なかなか思うように広告料がいただけず、苦労したものでした。それでも部員のチームワークで、なんとか文集を発行することができました。このときの苦労というか、経験が私の人生を左右しているといっても過言ではありません。

私なりに考えるのは、大学時代の勉強にはいろいろな学習経験があって、自分がこれから進むべく方向性を模索し、それに向かって努力していくことが大事ということです。

「私の人生運は追大にあり」というのも、天野先生のお言葉を大事にして、それなりに実行してきたからだと思っています。

今になって振り返りますと、紆余曲折の人生を辿ってきました。英国ロンドンに三年、海外子女教育の日本人学校も経験し、国際的視野も少しは身につけているかとも思います。

学校法人 甲南学園甲南小学校に勤めさせていただき、三十七年になります。もうそろそろ引き際と思い、最後のご奉公としての任務をまっとうしたいと考えています。

最後になりましたが、追手門学院大学の四年間は、私の人生の方向性を示してくださったと、今も感謝しております。

追手門学院のますますのご発展を祈念いたしております。

追手門で広がった世界観
～想像もしなかった自分の道～

大山　圭一郎

・1990年　大阪生まれ
・2013年　追手門学院大学国際教養学部卒業
・旭工精マレーシア　Sales Manager（課長代理）

「大学に行けば四年間の時間がある。その間に自分の将来を考えろ」

高校の担任の一言をきっかけに大学進学を決めた私。

まさか、何の目的もなく大学へ進学した自分が、いつの間にか世界に目を向け、異文化に興味を持ち、異国の地でマレーシア、中国、インド、インドネシア、ネパール、ミャンマーといったあらゆる国の人々と仕事をしているなんて、高校時代の自分が見れば驚きの結果だと思います。しかしそんな想像もしない道筋を見つけ出し、または築き上げていくのが大学生活なのかとも思えます。

大学生活とは、まさに自由だと思います。しかし自由だからこそ、戸惑い自分の方向を見失うこともあります。大学時代の私には自分の方向なんてものは何もなかったため、戸惑うことはなかったものの変化のない毎日が続き、放浪生活でした。ただ、そんなふらふらした生活のなかで運よくキッカケを掴み、人生に変化をもたらすことができました。私が海外に目を向けたキッカケは、偶然出会ったインド人留学生との英会話から始まり、自分の世界観の小ささに気付かされ、そこから世界とは、異文化とは何かについて考え出したことからでした。とてもシンプルなことですが、私はキッカケというのはこういったものから生まれてくるものだと思います。

キッカケを掴んだ私は、自分の学びたい内容の講義を受けられるだけ受けました。単位なんてどうでもよく、他学部の授業でも関係なく教授の下を訪ね、頼み込むこともありました。また、英語でのコミュニケーションを日本でするのであれば、留学生と交流するべきだと考え、留学生が日本を楽しく過ごせるためのコミュニティーを設立したり、日本語教育にも携ったりといろんなことに挑戦しました。そうしているうちに、教授や職員の方にも支えていただけるようになり、いつの間にか「留学生や国際交流のことなら大山（自意識過剰かもしれませんが……）」といったまわりの評判を得ることとなり、本当に充実した大学生活を過ごすことが出来ました。

私が、大学時代で最も大切なことは、キッカケを見つけ出し逃さないことだと思います。キッカケを掴むためには二つの大切なことがあると思います。一つ目は「好奇心」、二つ目は「挑戦心」です。キッカケがどれだけあっても、それに興味を持たなければ気付くことができません。いろんなことに興味を持ち、いろんな人の話を聞いてください。大学には、いろんなキッカケがあります。それはそれぞれ形が違い、どれが自分にとって大きなチャンスになるのかはわかりません。だからこそ何事にも好奇心を持ってください。

そして二つ目の「挑戦心」。好奇心を抱いた後は、実行する挑戦心が重要です。はじめにも言ったとおり、大学生活は自由であり、自由なために、戸惑い不安になることがあると思います。しかし、その不安を打ち破った先にこそ新しい気付きがあります。

海外も同じです。自分の常識が通じない、日本ではありえないことが絶え間なく起こり、寛容な精神がなければ自分に飛び込んでくるできごとを批判し、拒絶してしまいます。異文化に溶け込もうとする好奇心と異国でもやっていこうとする挑戦心が必要です。海外での変化は早く、自分の目の前の問題やできごとに対応できず、批判し拒絶してしまうと取り残されていきます。私の尊敬する教授の言葉に「融通無碍の精神を忘れるな」があります。この言葉のとおり、現在大学生の方には、何にもとらわれずいろんなことに好奇心を持ち、失敗を恐れずチャレンジして頂きたいです。そして私のこの文章が読者の方のキッカケになればとも思います。もしかすると、私の文章を読んでいる間にキッカケが……。

追手門学院大学卒業生であることに誇りと感謝を

格畑　文範

・1962年　京都府生まれ
・1985年　追手門学院大学文学部　卒業
・私立京都共栄学園中学校・高等学校　教頭（硬式野球部顧問　監督・部長を歴任）
・東日本大震災のチャリティコンサートを企画・実行（毎年３月実施）。2000年甲子園ツタ里帰り事業計画に貢献。現在はアンネのバラの育ての親、山室建治氏を支援・協力（アンネのバラを大学に寄贈）。

二〇一四年六月の初旬に久しぶりに母校を訪ね、総務部の吉田浩幸さんに学内を案内していただきました。大学を卒業してから三十年、懐かしい部分も少し残ってはいましたが、ほとんどが大きく改革され、我々のころのカレッジ的な印象は薄く、どこから見てもユニバーシティーになったんだな、と強く感じられました。

卒業生として、母校が発展していることを本当に嬉しく思います。また、学内ですれ違う学生たちを見ても、その目に躍動感と輝きを感じ、元気をいただいたように思いました。

私は、学生のころはまったく目立つような存在ではなく、優秀でもなく、クラブ活動で輝くような実績を残した者でもありません。しかし、田舎者の世間知らずではありましたが、学生のころより、日々精進、終生感謝の心で、大学の四年間を毎日粛々と過ごしました。

友人宅で食事をいただいたり、ときには教授宅で過ごしたりといった学生でした。自分に関わってくれた方々はどなたも親切で、今でも感謝しています。そのなかでも特にゼミでお世話になった杉本一郎先生へのご恩は一生忘れることはできません。

長い人生のなかで、大学四年間というものは実に短く感じられ、一生のうちでも本当にあっという間の時間です。しかしこの四年間は、大学生活のなかでの学習やさまざまな経験を通して人間的に一番成長するときです。自らの一生を決める本当に大切な人生の岐路に立つ、何物にも代えられない貴重な時間に相当するのではないでしょうか。決められた時間内に取り組まなければならないことも多くありますが、「凡事徹底」という言葉があるように、その意味を理解し、当たり前のことが当たり前にできるようになる四年間を過ごしてほしいと思います。

私は現在、京都府福知山市にあります、私立京都共栄学園中学校・高等学校で高等部の教頭をしています。今でも決して目立つような存在ではありません。しかし、学生のときから持ち続けている、日々精進、終生感謝の心で生徒の前に立ち続けています。その基本を植え付けてくれた追手門学院大学での四年間を誇りに思い、感謝しています。

人には必ず、その命に与えられた使命があるのだと考えます。学生全員に、その一人ひとりが将来必ず、社会の一員、大小はあってもその社会の歯車となって、その持てる力を発揮しなければならない時と場所があるはずです。また、彼らの力を必要とし、彼らの力なしでは解決できず、助けを待っている人々もいるはずです。そう考えると、この短い四年間ではありますが、手を抜いてなどいられません。自分を待ってくれている人々の前へ出たときに、彼らをがっかりさせてはならないのです。何の努力もせず、いい加減な時間を費やして何の力も付けずにいたら、その期待に応えられないどころか、彼らや社会をさらに不幸にしてしまうでしょう。

　そのときまでに、その人たちの本当に力となれるか、この大学四年間の在り方を見つめ直し、努力を惜しまず、さまざまなものにチャレンジし、そして「本物の力」を付ける時間としていただきたい。追大生のみなさん、日々感謝を忘れず、将来の自分のため、そしてさらなる大学の発展のために頑張ってください。

　また、現在でも公私に渡り、お世話になっている大学関係者の皆様に、紙面をお借りし、お礼を申し上げます。今後は微力非才の身ではございますが、大学に尽力いたす所存でありますので、これからもよろしくお願いいたします。

創立50周年記念に寄せて

鹿島　市右衛

・1951年　三重県生まれ
・1974年　追手門学院大学経済学部　卒業
・1974年に株式会社各務クリスタル製作所に入社後、2010年よりカガミクリスタル株式会社代表取締役社長、2013年より同特別顧問。

追手門学院大学創立五十周年を心よりお慶び申し上げます。入学当時の丘の上の小さな学校が、今や六千名を超える学生が学ぶ立派な大学となったことに深く感銘を受けます。このような中堅の大学とその卒業生が国家、地域において大変重要な役割を担うことを念じて、次のとおり書かせていただきます。

一、学校生活の思い出

私は一九七〇年に経済学部経営学科に入学しました。当時は安保闘争時代、今では考えられないほど壮烈な闘争が全国で繰り広げられていました。しかし我が校は平和なもので学内は非常に落ち着いたものでした。そして高度経済成長期、友達と楽しく過ごしました。大学では真辺ゼミで労働科学を専攻し、経営学科で学んだことや友達との生活、学院の自由闊達な気風「独立自彊」が後の実社会で活きたことはよかったと思っています。

二、実社会での経験

アルバイトをしていた縁で、宮内庁御用を賜るクリスタルガラスメーカー「カガミクリスタル株式会社」に就職しました。

しかし配属されたのは本業ではない部門でした。後から聞いた話では私は役に立たないと思われていたらしいです。社員は国立大学と有名私立大出身者が多く、我が校はほとんど知られていなかったのです。しかし私は仕事に集中でき、一年でその部門を任せられるようになりました。この経験が後で大きな力になりました。

二〇〇五年社長から突然「お前、総務部長になれ」と話がありました。総務はまったく経験がなく驚きましたが、会社の悪い状況は把握していたので否でも応でもなく経営の仕事に赴くことになりました。そこからパソコンと会議の格闘となり、経営計画の作成などものすごく苦労しました。また思い切った経費削減をしなければならず、社長とも大喧嘩をする有様でした。銀行からも借入金の返済を迫られるなど本当に会社が潰れるかと思いましたが、苦労して再建計画を立ていろいろな対策をして二年で黒字化できました。二〇一〇年に社長への就任要請があり、生え抜きの社長ははじめてでしたがお受けしました。

社長となってからも大変でしたが、自ら経営計画を立て実績が出せたこと、延べ十三年間にわたり外に出向して市場、社会を知ったこと、宮内庁の大切な仕事を自らできたことが私の大きな実績です。

三、これからの卒業生に助言

私が会社の社長になれ、責務を果たせたのは、大学で身に付いた「独立自彊」の考え方で、自ら考え部下を動かし、上司を動かし、株主を動かして結果を出したからです。

そこで、これから卒業されるみなさんに次のとおり助言を申し上げます。

Ⅰ　社会性を積極的に持つこと

①　挨拶ははっきりとわかりやすくすること。
②　人の話はきちんと聞きメモを取ること。
③　会合、会議など積極的に参加すること。
④　意見、質問、感想など発言は必ずすること。
⑤　報告書、計画書などはきちんと書くこと。

Ⅱ　勉強は若いうちにすること

①　実用英語をマスターすること。

② パソコンやシステムをマスターすること。
③ 専門の知識は早く勉強、習得すること。

Ⅲ 確信のある仕事と目標を見つけること

① 社会に貢献する仕事と目標を見つけること。
② 家族に理解してもらい共有できること。
③ 会社の長期展望と、自分の考えや目標がマッチしなければならないこと。

以上、基本的なことですが、意外と優秀な人でもできないことです。仕事では辛いことはたくさんありますが、こんなにも楽しく幸せなものはありません。ぜひこれから社会に出られるみなさんが考え実行してください。

意思あるところに道はある：追手門学院大学の思い出

須藤　秀澤

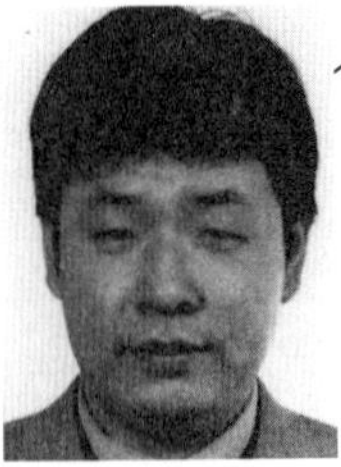

- 1973年　大阪府生まれ
- 1996年　追手門学院大学経済学部　卒業
- 写真作家
  公益社団法人日本写真協会（PSJ）会員
  英国王立写真協会（RPS）会員
- 「日常に埋もれた普遍的な美とぬくもりの発見」をテーマに、ファインアートとドキュメンタリーの手法を交ぜながら、都市やその周辺へと視点を向け撮影活動を展開。

このたびは追手門学院大学の創立五十周年おめでとうございます。月日の流れるのは早いもので、私が母校を卒業してからもう二十年あまりが経とうとしています。今回、恥ずかしながら心の中にしまっておいた学生時代の懐かしい記憶に想いを馳せ、それを多くの方々にお話できる機会を与えてくださったことにとても感謝しています。

私の写真は独学です。写真の専門学校へ通ったこともなければ、他の写真家のアシスタントになって教わったわけでもない。今でこそ写真家として多少なりとも世に認められ、おかげで日本をはじめヨーロッパやオセアニアなど世界各地で展覧会の仕事などをやらせてもらえるようになりましたが（現在、母校のオーストラリア・ライブラリーでも作品を飾っていただいています）、本格的に写真を始めたいと思ったときは、まわりには写真をやっている人は一人もいなくて、文字どおり、暗中模索という状況でした。でも、あきらめずに夢や憧れを持ち続け、それに向かって必死に努力すれば人生は何とかなるものです。その甲斐あって、私はどうにか写真家への道を切り拓くことができました。それはまさに、大学時代に培われた「当たって砕けろ」と「なせばなる」という独立自彊のチャレンジ精神がなければ実現できなかったことでしょう。

大学に入学したてのころは、長い受験生活からようやく解放された気分いっぱいで、大学の勉強よりもむしろ遊びやバイト、そしてギター部の活動等に明け暮れる今どきの普通の学生でした。そんな平凡でありきたりな学生生活に大きな転機が訪れたのは、二回生になったときのことです。一年目の大学生活はそれなりに楽しかったのですが、本当に心の底から充実しているとは言えませんでした。このままの状態で四年間の大学生活を終えるのは何かもったいないと感じ、思い切って大学の語学研修プログラムでアメリカ・カリフォルニア州立大学のロングビーチ校へ短期留学をすることにしたのです。それまでも海外へは旅行でしばしば訪れていたのですが、アメリカ本土を訪れるのはそのときが初めてで、映画や写真で見るのとは違った本物の北米大陸のそのスケールの大きさにいろんな意味で圧倒されました。

日本へ帰国してからの私は、しばらくの間アメリカ病にかかり（笑）、まわりの友人たちにはいつもアメリカでの話をしていました。なかでもそういう私の話を根気よく聞いてくださったのは当時の担任で経済学部教授の故・奥山誠先生でした。先生には授業の後によく一緒に食事やビールを飲みに連れて行っていただき、先生の米・ハーバード大学での研究時代の貴重な体験話や海外生活の話を伺ったり、また人生や学生生活へのアドバイスなども頂戴しました。

思い起こせば、「写真」という自分の愛情や情熱を注ぐことのできる、また一生を賭けるに値すると確信を持てるような天職にめぐり会えたのはとても幸運なことです。追手門学院大学で過ごした日々は、いろいろと苦い経験もありましたが、社会人になった現在からふり返ると、今ではたくさんのできごとが夢のような楽しい思い出に変わっているのが不思議です。最後になりますが、この場を借りて、大学生活の四年間にわたって未熟な学生だった私にいろいろと目をかけていただいた天国の故・奥山先生をはじめ、ほかにもいろいろとお世話になった先生方、ギター部の先輩やクラスメートの友人たち、そして職員のみなさま方にも御礼を述べたいと思います。また在学生のみなさんには、私の写真家人生を通して自分の座右となった次の言葉を贈りたいと思います。

最大の名誉は決して倒れないことではなく、倒れるたびに起き上がることである。（孔子）

諸先輩たちが築かれた信頼関係に支えられて

瀧川　照章

・1972年　兵庫県生まれ
・1996年　追手門学院大学文学部　卒業
・オッペン化粧品株式会社　代表取締役社長

「き〜ん　じょ〜ぅおっお　の〜うぉ！」

将軍山祭一か月前より突然体育館前を陣取って毎日大声で学院歌を叫び続ける、学ラン姿の集団。

体育会武道系の団体によって一ヶ月間だけ編成される第十七回演武祭実行委員会のメンバーとして、剣道部員一回生だった私は、期間限定の応援団のようなものと聞かされ、参加することとなりました。

頭は角刈り、授業も学ラン。当時は、バブル真っ盛り。バンカラなど時代錯誤な風潮で、カワイイ女子大生から冷ややかな視線を浴びせられるなか、私たちはいかにモチベーションを高めながら一か月を耐えるかが大きな課題でした。そんななか、先輩から「究極の自己満足をめざして真剣に演じることが大切。そして決して後ろ指を刺されるような行動をしないこと」と教えられ、なるほど、「どうせやるなら周囲の目など気にせず、浮世離れした『バカ』を真面目に演じること、大学生活だからこそできることを楽しんでやろう」と考えるようになりました。その後、昼休みの校舎前広場において練習の成果をデモンストレーションとして行った際、普段なじみのない武道の乱舞なども演目にあるためか、意外と興味本位で見ていただけるギャラリーの多さに驚いたこと。そして、将軍山祭初日に演武祭主催の振る舞い酒の鏡開きを行う際にも、学生部長が参席いただけるなど、学生の自由な活動を寛容な目で認めていただける大学の風土を感じられたように記憶しております。

その後、二回生のときには人生最初で最後であろうパンチパーマで後輩指導にあたり、三回生の時には、口ひげを蓄え、実行委員長の補佐として伝統の継承に注力しながらも学生生活を謳歌いたしました。ただ、残念なことに、長年続いてきた演武祭ではありましたが、本来の部活動に支障をきたす、武道系の部活を選択する新入生が減少した等といった理由から、メンバーの確保が困難となり、後輩に引き継いだ次の年を最後に伝統が途絶えてしまいました。

武道系体育会の心意気と誠に勝手な価値観の押し付けを、時代錯誤といわれながらも続けてこられたのは、自由で多様な価値を表現しつつも、それを否定しない自由な学風、そして、歴代の諸先輩方がしっかりと学生としての責任と貢献を果たすことによって築き上げてきた大学と学生の信頼関係のおかげでもあると思います。そうして引き継がれた信頼関係が存在するからこそ、私のような未熟な学生であっても、自責でもって行動し自己を取り巻く環境に貢献することの大切さを実感し自己成長につなげる多様な機会を得ることができたように思います。これは、今もなお、私の価値感の基礎となる経験であり、これからも仕事に活かし、わが子にも伝えてゆかなければならないと考えております。

最後になりましたが、このたび、青臭いなりにも多くの人に支えられて過ごしてきた日々を思い起こす機会をいただきました、恩師でもあり、仲人でもある平木宏児先生に感謝するとともに、その思い出の母校である追手門学院大学が創立五十周年を迎えられたこと、心よりお喜び申し上げます。これからも、活力ある学生とともに、さらなる発展を続けられますことを誇りに感じてゆきたいと思います。ありがとうございました。

追手門学院大学と建築……？

田中　克茂

・1975年　兵庫県生まれ
・1999年　追手門学院大学経営学部　卒業
・一級建築士事務所　株式会社アンビエンテ主宰

追手門学院大学創立五十周年、誠におめでとうございます。今回、本書の執筆依頼をいただき、恥ずかしくも大変光栄に思います。「私でいいのか?」と感じながらも時間を二十世紀末まで巻き戻してみましょう。

一九九九年三月、生物研究同好会の部室。「なんでここに来るねん!」「ちょっとやめろって!」「自分の所の部室に帰れ!」「そんな爆弾もってくるなっ!」とさまざまな悲鳴に近い声があがっていました。まさに単位通知表を開封する瞬間であります。当時四回生であった私は、四十四単位も残してこのときを迎えていました。六十単位受講中、四十四単位以上取得しないと留年が決定です。私は地理歴史研究会に所属し、三回生時は部長をしていました。自クラブの部室で単位通知表を開封した場合、万が一留年した場合は後輩にみじめな姿をさらすだけでなく、部室を何とも言いがたい雰囲気にしてしまいます。元部長としてそれだけは避けなければいけません。しかし、卒業できたときは誰かと喜びたい。そんな複雑な気持ちの私は、ほのぼのとした雰囲気の生物研究同好会の部室を開封場所に選び、みごと部室ジャックに成功したのでした。開封の結果は無事卒業できました。当然その場のみんなと歓喜しましたが、心のどこかには不安がありました。

その不安とは、十年後自分の姿が全く描けていないということです。卒業は決まったものの、クラブ活動を理由に就職活動はほとんどしておらず、当然就職もない状態でした。母方の実家が工務店をしていることもあり、まわりに言われるがまま建築専門学校に入学してしまいました。「何でもいいから資格取得できればいいいな」程度の考えしかありませんでした。何でもいい。言い換えれば何も考えていない、思考が停止している状態なのです。だから文系卒が、こともあろうか建築士という理系資格取得の道へ迷いこんでしまったのです。

さらにその迷走に拍車がかかります。専門学校を卒業すると二級建築士の受験資格が発生します。ところが、文系卒の自分には理系資格である二級建築士は無理だと感じました。馬鹿が現実に気がついた瞬間でした。辞めると二十五歳、追手門学院大学卒の無職の出来上がりです。このとき、自分の十年後がはっきり見えました、悲惨な人生を歩むのだと……。

死ぬ気で前に進むしかありません。理系がどうこう言っていられません。死にものぐるいの前には、もう理系も文系もまったく関係なくなっていました。その結果、無事二級建築士を取得しました。その後設計事務所に勤務しながら一級建築士を取得しました。

現在は独立して「一級建築士事務所株式会社アンビエンテ」を主宰しており、京都で保育園の建て替えを中心にお仕事をさせていただいております。子供も二人おり、朝子供を保育園に送り、自分は別の保育園へ仕事をしに行く日々を送っております。あのとき見えた十年後とは全く別の人生を歩んでおり、充実した日々を送っています。今あのときの迷走ぶりを思いかえすと、とんでもなく考えが浅はかであったと思います。ただその迷走がなければ、今の自分はありません。人生において無駄なことは何ひとつないと断言できます。

当たり前ですが、この業界、建築学部卒の建築士がほとんどです。経営学部卒の建築士はほとんどいません。どうやら建築学部卒の建築士とはだいぶ考え方が違うみたいです。のんびりと自由な追手門学院大学の学生生活で経験したことが今の自分の考え方の礎になっています。もし今将来の姿が見えず、迷走している追大生がいるなら、この原稿を読んで何かのきっかけになればと思います。

モトクロスとマーケティング

辻　拓人

・1994年　滋賀県生まれ
・2013年　追手門学院大学経営学部　入学
・モトクロス国際A級ライダー

私は父親の影響で四歳のころからモトクロスを始めました。小学校五年生のときに「近畿モトクロス選手権（小学校五年生～中学三年生）」のシリーズランキングで五位に入賞することができました。これがきっかけになって「カワサキモータースジャパン」からお声掛けいただき、サポート契約を結ぶことになりました。プロのモトクロスライダーになるという決意が固まったのは、ちょうどそのころです。中学三年生のときには、「近畿モトクロス選手権」でシリーズチャンピオンになることができました。今までモトクロスに取り組んだなかで一番嬉しかったできごとでした。高校一年生のときには「モトクロス全国大会」で三位となることができましたが、高校二年生のときに骨盤骨折という重傷を負ってしまいました。その怪我の遅れを取り戻すために、モトクロス先進国のアメリカに約一か月間修行へ出て、さらに上をめざしました。

プロのライダーを目指すとなると、より実践経験を積むために中学・高校卒業後はモトクロスに専念しなければ成功しないという風潮があるのですが、このような環境ではモトクロス人口を増やすことができないと思いました。私自身が大学生とライダーの両立を行い、実践できることを証明することで、未来のモトクロスライダーに新たな道を示したいと思い、大学進学という道を選びました。

追手門学院大学を選んだ理由は、大学生であるとともにライダーである私を大事にしてくれるからでした。大学一回生の「全日本モトクロス選手権」では、この大会でプロにならなければ、モトクロスを辞めようという強い決意で臨んだ結果、九位入賞することができ、プロになることができました。また、経営学部マーケティング学科を選んだ理由は、通常私たちプロライダーはマネージャーがいませんので、自分自身で企画書を作成したり営業したりして、スポンサーを獲得しなくてはいけないということでした。そのため、大学でマーケティングや「自分＝商品」と見立ててセルフプロデュースするためのノウハウを学ぼうと思ったのです。

在学中はしっかりと勉強しながら、「全日本モトクロス選手権」優勝と、「モトクロス・オブ・ネイションズ」の日本代表選手に選出され世界と戦うことが目標です。

将来はモトクロスの実績とマーケティングの知識を活かして、モトクロス人口を増やすことに貢献できる会社を立ち上げたいと考えています。

チャレンジと失敗が
次のチャンスを活かす準備になる

栃尾　真一

・1960年　大阪府生まれ
・1983年　追手門学院大学経済学部　卒業
　1987年　追手門学院大学大学院経済学研究科経営学専攻博士前期課程　修了
・追手門学院大学経済学部　准教授

大学への入学はよくある「不本意」入学でした。他に逃げ道がなかったので、大学で頑張ることにしました。当時の自分としては、完璧を目指していましたが、今から思えばいい加減でした。ただ、一・二年時は授業を録音して聞き返してノートを清書していました。家族には「この努力を高校生のときにしていたら……」とからかわれました。ゼミに入ってからはコンピュータプログラミングがおもしろくなり、ときどき授業をさぼりました。一・二年時にしっかり単位を取っていたので、英語の教職免許付きで無事に卒業できました。当時は他学部の教職科目も履修できたので、無理だとは言われたけれども天の邪鬼な性格に助けられての取得でした。

学部生の時代には、いろいろチャレンジして、いろいろな失敗をして、いろいろ、たくさんご迷惑をお掛けして、いろいろ成長しました。ご迷惑をお掛けした方々には、改めてお詫び申し上げます。

哲学の志水紀代子先生の下に集まった学生と編集に携わった「青春の断章」は、刺激的でした。ここでは他学部の学生と考えを話し合い、志水先生が提供してくださるさまざまな話題で視野を広げることができました。

当時の計算センターのコンピュータが最新のTSSシステムの汎用機にリプレースされ、これにのめり込んだので、今の職に繋がるきっかけになりました。ＴＳＳの部屋には入社式の前日まで通っていました。

交換留学生の選には漏れましたが、インドからの留学生とは彼らのドミトリーで遊びました。ＴＳＳの部屋を追い出された夜に行くので、彼らには迷惑だったかも知れません。ＹＭＣＡの英会話教室に通い始める切っ掛けになりました。

四年生のときにデータベースを作ることになって、細野助博先生（現・中央大学教授）がお持ちだったデータを提供していただきました。このご縁で細野先生にはいろいろと教えていただきました。大学卒業後も仕事がない土曜日に大学にお邪魔して、大学院進学に向けて指導していただきました。

学部卒業後はコンピュータ関連の会社でプログラマーやＳＥの駆け出しの仕事をしました。同期のなかでの一番を目指していましたが、比べる方法がないので、実態は不明です。この会社での仕事は楽しかったのですが、大学院に進学したかったので、二年で辞めました。

大学院に進学し、そこでの指導教授だった故・市橋英世先生（大阪府立大学名誉教授）には、論文を丁寧に添削していただき、とても勉強になりました。今、学部生の論文を丁寧にみているのは、このご恩に報いるためです。

その後、博士課程への進学を諦めて、当時の通産省（現・経済産業省）の外郭団体である一般財団法人流通システム開発センターに勤めました。流通に関わる企業の情報システム化を推進する中立的な団体です。ここではカルチャーショック的なできごとが続き、寝る時間も惜しんで仕事をするほどで、とても有意義な四年間を過ごしました。今でも、ときどきゼミ生の研修をお願いしたりしています。

そして、大学院時代の指導教授が移った先（甲子園大学）で助手の欠員があり、拾っていただきました。同僚の先生方にも恵まれてよい勉強になりました。ここでは七年間勤めました。

さらに、その後、本学で「経済学と情報がわかる人が欲しい」と学部のときのゼミ担当教員・太田拓男先生からお誘いを受けて、母校に戻ることになりました。

今から思い出してみると、チャンスに恵まれたことは確かですが、そのチャンスに必要な準備がある程度できていたように思います。

半世紀しか生きていない若造ですが、もう少し若い人たちには、ぜひとも、いろいろなチャレンジをして、失敗して、成長してほしいです。「追手門学院大学の卒業生を採用してよかった」

と企業の人に言ってもらいたくて、学生の指導に当たっているつもりです。でも本人が努力しないと無理な部分があるので、いろいろなチャレンジを続けてください。

末筆ながら、英会話教室や大学院にまで通わせてくれた両親にも感謝申し上げます。

私の仕事。司法書士

中井　美江

・1975年　大阪府生まれ
・1999年　追手門学院大学経営学部　卒業
・谷﨑合同事務所　司法書士

私は現在司法書士という仕事に就いています。大学卒業後はまったく違う職種の会社に就職しましたが、合格した平成二十二年の司法書士筆記試験（毎年一回七月にあります）直後から現在勤めている事務所でこの仕事に取り組んでいます。

ですので、まだまだ駆け出しの身なので大変おこがましいのですが、みなさんに少しでも司法書士という仕事を知っていただけたらと思いこの原稿を引き受けることにしました。

最近は多少認知度も上がり、「図書館にいる人ね（それは司書です）」というような間違いをされるようなことはなくなりましたが、本当のところは何をしている仕事なのか案外知られていないのが実情だと思います。

知っていただけたらとは言ったものの一言で表すことができないくらい多岐にわたっていますので、代表的なものをいくつか紹介したいと思います。

まずは、不動産の登記。これは、大切な土地や建物（不動産）に関するさまざまな権利を守るために、登記所（法務局）というところでその権利を記録し、その権利を誰が持っているのかということを一般に知らしめるための制度で、その手続きを依頼者に代わってする仕事です。

会社・法人の登記。会社を設立したり、役員が変わったり、または社名を変更するなど事業をしていく上ではいろいろな場面で登記という手続きが必要で、その手続きを代理してする仕事も司法書士が担っています。

実は、裁判所に提出する訴状や申立書等の書類、検察庁に提出する告訴状などの書類を依頼者に代わって作成するということも、古くから司法書士の仕事の一つです。

また、先に述べた試験合格後、もう一度試験（正確には認定考査といいます）を受け合格すると、簡易裁判所を管轄とする民事紛争につき、代理人として法廷で弁論したり、裁判外で和解の交渉をしたりということもできます。

ここまでは司法書士しかできない仕事なのですが、最後に、資格がなくてもできるものの、他の士業含め職業人のなかで司法書士が一番多く就いている仕事を紹介したいと思います。

みなさんは「成年後見」という言葉を耳にしたことがあるでしょうか。これは、認知症などで判断能力が不十分な方の財産管理などのお手伝いをする仕事です。身近な法律専門職として活躍する同職が多いことがこれからもわかります。

かなり簡単な説明になっていますが、少しはおわかりいただけましたでしょうか。これら以外にもいろいろな仕事があり、さまざまな場面で多くの司法書士が活躍しています。

私自身は、現在は登記手続きを主にしておりますが、これも言われたことを単に書面にすればよいというわけではなく、最初は依頼者の相談などから始まるカウンセリング的な要素を多分に含んでおり、名義を変えるという話は贈与なのか売買なのか、その真意は、というところまで踏み込んだり、場合によっては法律上や職業倫理上お断りしなければならないなど、単に試験勉強的な知識があればよいという仕事ではないと強く感じております。

法学部出身でもない者が、法律専門職の一員として活動している今、大学の教育方針の一つにある「豊かな一般教養を身につけ、深く高い知識と思考力をもって、人文、社会ならびに自然の諸科学の正しい発展に寄与できる人物」像に少しでも近づけるよう、日々前に進んで行きたいと思います。

可能性は無限大

中西　大輔

・1970年　兵庫県生まれ
・1992年　追手門学院大学経済学部　卒業
・会社員、JACC（日本アドベンチャーサイクリストクラブ）国際部長
・在学時、1991年追手門学院大学体育会優秀個人賞を受賞。2009年植村直己冒険賞を受賞。著書「世界130カ国自転車旅行」（文春新書）、「放浪哲学」（SBクリエイティブ）

私は十一年かけて、世界一三〇か国、十五万キロを自転車でひとり旅してきた。旅に出たのは一九九八年、二十八歳のとき。それから三十九歳になるまで世界を放浪していたわけだから、世間の人からすれば、〝世捨て人〟のように思われるかもしれない。

私が自転車でひとり旅に出たきっかけは、大学生だった十八歳のころにさかのぼる。追手門学院大学の「ニューサイクリング部」に所属し、先輩たちから厳しい指導と訓練を受けていた。いまは「ロードバイク」と呼ばれるスポーツ自転車が人気だが、私が大学生のころは「ランドナー」と呼ばれるツーリング自転車が人気だった。前三段・後ろ六段の全十八段変速の自転車にキャンプ用具一式を積むと、人力で移動できるキャンピングカーのようになる。

旅先で日が暮れると河原などにテントを張り、スーパーマーケットで買っておいた食材を小さな鍋とコンロで調理する。一日中自転車をこいでペコペコになった腹を満たした後、テントで寝て、翌朝起きたらツーリングに出かける。その繰り返しだ。

好きではじめたツーリングだが、まだ慣れていない当初は、不安としんどさで苦痛だった。それでも経験を重ねていき、体力がついてくるにしたがって、自力で長い道のりを乗り越えていくことへの爽快感が増し、日ごとに楽しくて仕方がなくなってきた。

なんといっても、自転車旅は交通費がタダ。景色を楽しみながら旅をするのに十分速く、旅先で人と知り合うのに十分遅い。大学が春休みや夏休みに入ると、北は北海道から南は九州、沖縄まで全国を走破した。俗な言い方をすれば、完全に自転車にはまったわけだ。

一九九〇年夏、大学三年生の私は、はじめて海外の自転車旅へと出かけた。アメリカ横断のチャレンジだ。日本全国を走破したので、今度は広大な北米大陸の横断にチャレンジしてみたくなったのだ。私にとってアメリカは映画や音楽、日々のニュースで馴染みのある隣国。とても親近感があるうえ、英語力を伸ばす良い機会にもなると思った。ＮＨＫで放送されていた名作ドラマ『大草原の小さな家』で見た、温かい家族や正義感に満ちたクリスチャンの人たちに会ってみたいとも思った。旅行資金は、大学の授業前、毎朝四時から八時まで弁当づくりのアルバイトをして貯めた。

八月十八日にアメリカ西海岸のロサンゼルスを出発、四十八日後に東海岸のニューヨークにたどり着く計画で、全行程は約五、一〇〇キロにおよぶ。大都市ではユースホステルなど安宿に泊まるが、その他では節約のためテント泊を予定。食料はすべて現地調達して、可能な限り自炊して節約する。

はじめての海外、はじめての飛行機……出発の日が近づくにつれ不安が増し、旅のことを考えると手に汗がにじんだ。

そしてアメリカ横断の旅は計画どおりにいった。四十八日後、ニューヨークから帰国すると、両親、それに兄が、私のやせこけた姿を見て、涙ながらに無事を喜んでくれた。そうしてアメリカ横断で自信をつけた私は、他の大陸にも興味を抱くようになり、自転車旅の夢が地球規模に広がっていったのだった。大学を卒業するまでに、全五回の海外渡航で二十か国を旅した。各国で友人の輪が広がり、楽しい思い出とともに、まだ見ぬ国への強い憧れの念がふつふつとわいてきた。

いつか自転車で世界一周をしよう。そう誓って大学を卒業し、約六年の会社員生活で資金を蓄え、ついに夢の世界一周自転車旅に出るときが来た……。

大切なのは、自分の目で見て、肌で体験すること。私自身、危険な場面に何度も遭遇し、いかに対処するかを経験し、そして人の助けのありがたさを何度も身に染みて感じることができた。我々はこの地球上にかけがえのない命を与えられ、今というこの時を生きているのだ。さあみなさん旅に出よう！　まだ見ぬ世界へ！

進学で変化した競技へのスタンス

中牧　佳南

・1992年　大阪府生まれ
・2011年　追手門学院大学国際教養学部入学
・世界水泳バルセロナ2013シンクロナイズドスイミング日本代表メンバー。アジア大会2014（韓国・仁川）シンクロナイズドスイミング銀メダリスト。

追手門学院大学に入学したころの課題は、大学生活と小学生から続けているシンクロナイズドスイミングを両立させることでした。もちろん、英語を学びたいと思って選び、進学した英語コミュニケーション学科での語学修得も、課題であり目標ですが、両立させるという課題は、私一人ではどうにもできないことでした。しかし、教職員の方々など、たくさんの方が協力してくださり、応援してくださっているおかげで、何も困ることはなく充実した大学生活を送ることができています。

私は三歳頃から水泳を始めました。当時泳ぐことが好きで、ただ楽しく泳いでいました。水泳に対して、練習が苦しいというようなイメージや、競技として意識したことはありませんでした。その感覚は、シンクロナイズドスイミングを始めたころも同じでした。シンクロナイズドスイミングに出会ったきっかけは、当時住んでいた福岡から大阪に帰省したとき、友達に誘われ、体験教室に参加したことでした。このとき、シンクロナイズドスイミングに興味を持ち、福岡に戻って練習を始めました。シンクロナイズドスイミングを競技として捉えるようになったのは、大阪に引っ越しした中学三年生のころからで、高校時代には、ジュニアナショナルチームとして、国際大会に出場しました。そして、追手門学院大学に入学し、はじめてナショナルチームとして大会に出場しました。

私の大学生活は、合宿や遠征などで、授業に出席できないことも多く、どちらかというとシンクロナイズドスイミングの方に偏っているかもしれません。シンクロナイズドスイミングの競技を続けるなかで、ナショナルチームの選考会を通過することやチームのメンバーとして試合に出場すること、試合で練習の成果を出し結果に繋げることなど、気が付くと自分のなかで、今の自分に近い目標から、まだ遠い目標まで、いくつか目標ができていました。大学生になるまでにも、もちろん目標はありましたが、今までは「できたらいいな」と思うくらいで、そのために何をしようと考え、自分から行動することはあまりなかったと思います。大学生になり、この目標を絶対に達成したいと強く思うようになり、シンクロナイズドスイミングのことに限らず、どんなことでも受け身でいるのではなく、自分から行動しないといけないと感じるようになりました。このような感覚は、自分自身が大きく変化し、成長したというわけではなく、大学生活で、たくさんの方々と関わる機会が増え、助けていただいたり、応援していただいたりと、まわりの環境が今までとは変化したことが大きく影響していると思います。また、さまざまなことを経験させていただいているということ、友達や様々な人たちの話を聞いたり、行動を見たりして、私も頑張ろうと思ったり、こんな考え方もあるのだなと思っている間に、自然にそのような考え方が身に付きました。いつも応援してくださっている、追手門学院大学の教職員の方々には本当に感謝しています。

発掘はじめました

仁王　浩司

・1975年　広島県生まれ
・1997年　追手門学院大学文学部　卒業
・浦添市教育委員会文化課グスク整備係
　主任主事

「あれ⁉　来た？　来た？　来たんじゃない⁉」

「うおおー、すげー！　これ城壁っすよ！　すげーっ‼」

この原稿を書き始める十二時間前に発掘調査現場で交わされた会話です。場所は沖縄県浦添市にある国指定史跡「浦添城跡」。

浦添城跡は〝首里城以前の中山王城〟といわれる「グスク」で、琉球における王権の成り立ちを考えるうえで大変重要な遺跡です。その発掘調査や復元整備が私の仕事です、といえば聞こえはいいのですが、我が浦添城跡は戦後の混乱で土木建築部材として石材が抜き取られ、今は城壁のほとんどが残っていません。おそらくみなさんが浦添城跡に立たれるとこのような感想を持たれるでしょう、「これは城なのか？」と。

そのため、復元整備を行うにはあらかじめ発掘調査を行い、城壁がどこをどのように巡っていたかを明らかにする必要があります、が……出ない……。浦添市のベテラン調査員が蚤取り眼になって探し回っても城壁が見つからないという状況が数年間続いていました。それが今日やっと見つかったというのですから、その喜びたるやとても文字で書き表せるものではありません。興奮して事務所に戻ったところで今回の原稿執筆の電話をいただき、夢見心地のまま二つ返事で引き受け（締め切りは一週間後！）、今こうしてパソコンとにらめっこしていることに運命の不思議さを感じるとともに、劇的な瞬間に立ち会えた喜びを噛みしめる次第です。

さて、今でこそ沖縄の発掘最前線で調査員生活を送っている私ですが、大学時代はあまりよい学生ではありませんでした。講義はよくサボったし、二年連続して落とした単位もあったし……。ただ、そんな学生生活のなかにあって考古学研究会に入ったことは、その後の人生を方向付ける決定的なできごとであったといえます。入部後、先輩に勧められるがまま茨木市で発掘バイトを始め、昔の人の息吹に直に触れる考古学の楽しさを味わい、一回生の終わりごろにはすっかり発掘の虜になっていました。

また、二回生のときに耳原《みのはら》古墳の測量調査に参加したことも忘れられない思い出です。当時、大阪府教育委員会は茨木市内に所在する同古墳の指定に向けた作業を進めており、測量調査の手伝いとして追大考古研の学生を採用しました。そこで出会った調査担当の方から、「考古学とは何を目指す学問なのか」「考古学を修めるためにはどのような本を読むべきか」を、情熱をもって教えていただきました。このような出会いもあって三回生のころには学業そっちのけで現場に入り浸るようになり、いつしか「発掘を仕事にできたら」という気持ちが芽生えたのです。

しかしながら、現場が好きなだけで考古学の基本的な勉強をしていない私が、すんなり発掘の仕事に就けるほど世の中は甘くありません。自分の身の丈に合った就職口を探すべきか、あくまで考古学の道を追い続けるべきか……。どっちつかずのまま、なんとなく始めた就職活動で外食関係の会社に内定し、自分が今後進むべき道にさんざん悩んだ挙句、入社式三日前に辞退しました。その後はジェットコースター的な紆余曲折を経て現在に至ります。

最後に在学中の自分を振り返りつつ、与えられたテーマである「在学生へのメッセージ」めいたものを書いて終わりにしたいと思います。みなさんがそうであるように、私も在学中にさまざまな出会いがあり、その出会いを通じて考古学という一生の宝物を得ることができました。みなさんも人との出会いを大切にしつつ、自分が天命を感じたものに突き進んでください。そうすれば道は開ける、かもしれません。

掛け値ありで
Boys & Girls, be ambitious!

服部　泰平

・1978年　愛知県生まれ
・2001年　追手門学院大学文学部　卒業
・小説家、朝日新聞地域情報誌あさすぽ記者
・在学中に『切手のない手紙』を自費出版。のちに『ずっと逢いたかった。』に改題し上梓、松本幸四郎主演でドラマ化。受賞歴にU30大賞、第１回古本小説大賞奨励賞、第１回USEN朗読文学大賞奨励賞など多数。

「夢の実現のために」「あなたの夢を応援します」、夢という単語が頻出する求人はブラック企業の可能性を疑った方がいい。というのは極端かもしれないが、「夢」という言葉を素直に語れない時代になった。

逆に「夢を追うこと」、それが、最もポジティブに捉えられていたのが、私が追手門学院大学に通っていたころだったように思う。小説家を目指し意気揚揚だったという個人的な体感もあるが、社会としても旧来の年功序列型の社会が終焉を迎え、フリーターや派遣社員など多様な働き方が注目を集めていたからだ。時勢も相まって、高校時代に志を立て、大学で書き始め、就活もせず、小説家を目指してフリーターになった。

そうやってまともに就職しなかった層は、格差社会がキーワードになっていく時代の流れの中で、一部を除いて、あまりいい目には合わなかった。小説家としてデビューはしたが鳴くことも なく飛ぶこともなかった私も、〝一部〟ではないほうだ。

そんな私たちの背中を見て、〝あんな風に転ぶまい〟と悟った今の大学生が、新卒で正社員になることの重要性を認識して、臨む就職活動の苛烈さは想像に余りある。

だが、と安易に逆接の接続詞をつなぐのも気が引けるが、「小説家になりたい」という夢がなければ、私にとって大学が『学びの場』となりえたかは疑問だ。この授業は、目標の為にきっと役に立つ、と思えたときの吸収率は高い。いや、逆につまらないと感じた講義も「つまらない授業を受ける大学生」のキャラクターを書くためにいいネタになる、とすら思った。

まじめな学生ではなかったが、車窓から見える景色のように大学生活をやり過ごすことはなかった。おかげで、一応デビューもでき、『ずっと逢いたかった。』という作品はテレビドラマ化もされ、海外でも翻訳された。

さて、今何をやって糊口を凌いでいるかと言えば、アマチュアスポーツを扱う新聞の記者をやっている。媒体は変われど、文章を書く、というコアな部分でキャリアパスのつながった仕事につけている。売れっ子作家になって、軽井沢に別荘でも持てていれば、それに越したことはないが、ぼちぼちと満足しながら日々を過ごしている。

将来サッカー選手になりたい。イチロー選手みたいになりたい。そんな夢を持つ少年少女の記事を書き、写真を撮るとき、その夢に「いいね！」を押しているようで、気持ちのいい仕事で食えていると満足を得る。

大学がもし私にとって『学びの場』になっていなかったら、今こうして屈託のない夢に「いいね！」を押してあげることもできなかっただろう。小説家になる夢のためにしたあらゆることが、無駄にならずに、誰かの夢を応援する術になっている。

夢は、ぱっと燃えて、後は灰になる化石燃料ではなく、繋がっていく再生可能エネルギーのように社会に光をともし続けるのだ。

夢という単語が頻出するのは、胡乱だ、と冒頭で書いておきながら、私自身が加速度的に夢を連発していくという胡散臭いクライマックスになってきたが、結局、年長者から年少者に送るメッセージはいつの時代も「Boys & Girls, be ambitious!」しかないのである。どうせ、年を重ねるごとに現実によって値引かれていくのだから、夢は掛け値で、大きく出た方がいい。ただ、ロープなしで夢へバンジージャンプするような、無謀はしないように、そして、残業代の代わりに〝夢〟や〝希望〟や〝やりがい〟を渡してくるようなアコギな連中に、まんまと騙されないように、私たちの世代より、もっとうまくやってほしい。

それと同時に若者が夢へジャンプするとき、セーフティーネットをしっかり張ってあげる責任が我々年長者にあることを自戒し筆を置きたい。

海外で生きる

花房　恵

・1979年　大阪府生まれ
・2002年　追手門学院大学人間学部　卒業
・フリーランス通訳者
・通訳国家資格を取得し、診療時の患者と医師の会話や、労災保険会社と怪我をしたクライアントの会話、日本からの看護師団現地病院訪問時の通訳など幅広く活躍。

社会学科を選んだ理由は幅広くいろんな分野のことを自分の視点で考えられるから、きっと高校三年生の私はそう思ったのだろう。特に向かう方向を決めず、いろいろ知りたい学びたい、そういう気持ちだったのだと思う。そんな私が人生で一番興味を持ちのめりこんだもの、「英語」と出会ったのは二回生のとき。ロンドンセミナーに親友と参加することになった私は「ロンドンに三週間、夏の間滞在できるなんて」、そんな軽い気持ちだった。まさかこれが今の人生の原点になるとは思ってもいなかった。

学校での授業とはいえ中学生から六年間英語を勉強してきたにも関わらず、リスニング力、スピーキング力は皆無に等しかった。日焼け止めを買うつもりが日焼け用のオイルを買ってしまったり、カプチーノを頼んだつもりがティーが出てきたり。それでもその三週間で英語って楽しい、話せるようになりたいとワクワクしたのを覚えている。

帰国後、「またすぐに行きたい」との思いが強くなり休学してイギリスへ語学留学することを決意。ロンドンセミナーを引率してくださった田中耕二郎先生、やりたいと思うことを迷わずやればいいと言ってくださった城野充先生には今でも感謝の気持ちが溢れている。

卒業後もやはり海外で生活してみたいという気持ちが大きく、ワーキングホリデーを経て大学院留学をすることに。日本でしばらく英会話講師の職についており、その際に経験した通訳に興味を持つようになった。オーストラリアには通訳国家試験がある。「どうせ目指すなら高いレベルを」、そう思い、国家試験に合格しないと学位も取得できない、つまり卒業できないという大学院を選んだ。

課題はエッセイがほとんどで本当に苦労した。まず関連本やジャーナル、インターネットで情報を読み、それを踏まえて自分の意見を書く。なぜ自分がそう思うのかを論理的に述べる。読む量が多く書く量も多い。英語でいかに自分の意見を正しく伝えるか、本当に難しかった。でも通訳はやはり実技が一番大切なので、練習する時間も確保しなければならない。クラスメイトとテスト前はお互いの家で合宿をしてひたすら練習練習。朝から晩まで喉が痛くなるまで練習。

それだけ必死になったにも関わらず、国家試験はやはり難関で一度目は不合格。かなり準備して臨んだけれど合格点にはほど遠いものだった。卒業することもできず、一学期だけ延長することにした。その一学期間は、おそらくこんなに勉強したことはないだろうというくらい必死になったことを覚えている。

覚えた単語の量も本当にたくさんだった。「一か月三〇〇語は覚えなさい」と先生に言われ半べそをかきながらも国家試験合格を目指し頑張った。クラスメイトとも切磋琢磨しあい目標に向かって支えあった一学期間だった。二度目の挑戦で合格。クラスでは私ともう一人、一緒に励ましあって練習していた子と二人だけ合格だった。このときに必死になれば、諦めなければ、努力し続ければ道は開けるのだと実感した。

Where there's a will there's a way.

意志あるところに道あり、なせばなる。まさにそのとおり。

ただ決して自分の努力だけで大学院留学、国家試験、海外生活を乗り切ってきたわけではない。日本にいる家族、友人、先生、そういう人たちの支え、応援があってこそ今までやってこられた。人との出会いに感謝して、大切にしてそこからまた繋がっていく、そのことが本当に大切だと思う。

「海外生活」、響きは格好よく華やかかもしれない。でも生まれ育った国を離れ生きていく、ということは思った以上に苦労も多い。三百六十五日アウェイである感覚は今も変わらない。日本を恋しく思うことも多い。最初の数年は泣くことも多々あった。悔しくて、悲しくて、寂しくて、すべてを投げ出したいと思って。でも年々たくましくなったと思う。自分の意見もはっきり言うようになったし、日本のいいところ、直すべきところも見えてきた。そして日本を誇りに思えるようになった。

フリーランスで通訳をしながら、今はＴＡＦＥ（州立の職業訓練校）の通訳コースで教えている。かつて私が「通訳になりたい」、「海外で暮らしたい」、そう思っていたように学生さんも熱意に溢れている。そんな思いに少しでも応えられたらと新米先生として奮闘中だ。

留学を考えている学生さん、海外で働きたいと夢を描いている学生さん、いつか移住したいと思っている学生さん、厳しい現実に諦めそうになるかもしれません。でも夢をかなえた人はみな何度も何度もくじけそうになり諦めそうになって、それでも一歩一歩向かい風に負けず歩き続けて今があるはずです。ときにはまわりから無謀だといわれるでしょう、笑われるかもしれません。でも自分を信じて強い心を持って、感謝を忘れずに頑張ってください。

Where there's a will there's a way.

必ず道は開けます。

出会いや巡りあわせの不思議さを大切にし、感謝する心を！

早樫　一男

・1952年　京都府生まれ
・1974年　追手門学院大学文学部　卒業
・児童養護施設「京都大和の家」施設長
　同志社大学心理学部元教授
・著書『家族プラネタリウム』天理教道友社
　ほか多数。

現在、私は児童福祉の生活臨床、心理臨床現場である児童養護施設「京都大和（だいわ）の家」（社会福祉法人　盛和福祉会）の施設長を務めております。

人生にはさまざまな出会いや巡りあわせがありますが、この原稿を作成するにあたって、これまでの人生のなかでの不思議な巡りあわせを改めて痛感しています。さらには、一つ一つの不思議な出会いが今の自分につながっているということについて、感謝の気持ちを強く抱いております。

追手門学院大学の文学部心理学科を卒業したからこそ、今の自分が存在しているといっても過言ではありません。今の自分につながっているのです。

私の記憶では、入学した一九七〇年の春というのは、第一期生が卒業した時期だったのではないかと思います。若くてフレッシュな大学だったような記憶があります。もちろん、心理学科の先生方も若くて熱意に溢れていました。

ところで、私が心理学科を選んだのは理数系が苦手という単純な理由でした。今でこそ、臨床心理士や心理カウンセラーなどが注目される時代になっています。また、そのような職種を念頭に入学する学生も多く見受けられます。しかし、当時は心理臨床家の存在は少なく注目もされなかった時代です。私自身も入学時点では心理臨床の専門家を目指していたわけではありません。

大学卒業後、就職先を探していた際、ある人から「ちょうど、京都府の児童相談所で心理職の採用試験がある。心理学を専攻していたなら、受験資格があるから採用試験の手続きをしたらどうですか?」と案内され、あまり深く考えずに受験したというのが実情です。

この出会いこそが、心理臨床家の職業人としての私の原点になっています。幸いにも、採用試験に合格し、児童相談所の心理職としてさまざまな経験を積むことになりました(なお、京都府の心理職として三十数年の間勤務するなかには、さまざまな不思議な巡りあわせがありましたが、紙面の関係上省略いたします)。

さて、二〇一〇年の晩秋のことです。翌年春の退職が身近になってきたころに、ある方から、同志社大学心理学部での勤務についてお誘いを受けました。長年、福祉の心理臨床現場にいた私にとって、大学に籍を置くことはまったく予想もしていなかったことです。これまでの現場での経験を生かすことができるならと同志社大学での教員生活をスタートすることになりました。

実はここでも不思議な巡りあわせやつながりを感じたのです。というのは、私が追手門学院大学に入学した当時、文学部長として、また、心理学科をまとめておられたのが佐藤幸治先生でした。大変印象に残っている先生であり、京都にお住まいの佐藤先生のご自宅にお邪魔したこともありました。その後、佐藤先生に代わって着任されたのが遠藤汪吉先生（同志社大学名誉教授）でした。遠藤先生は、長年、同志社大学の心理学科で教育や研究に携わっておられたのです。また、佐藤先生は客員教授として、同志社大学の心理学科にもご縁があったということを後から知りました。同志社大学に着任したときには、お二人の先生方を思い浮かべながら、先生方の故郷を訪れるような不思議な巡りあわせを感じたものです。

配偶者や友人・知人となる人との出会い、さらには、人生におけるさまざまな出会いは不思議なものです。決して、自分の意志だけでなってくるものではないと思っています。出会いや巡りあわせの不思議さを大切にし、感謝することはもちろんのこと、一見、マイナスに思えるような出来事についても前向きに受け止めることによって、人生は大きく変わってくると痛感しています。

母校の教員という最高の幸せ

葉山　幹恭

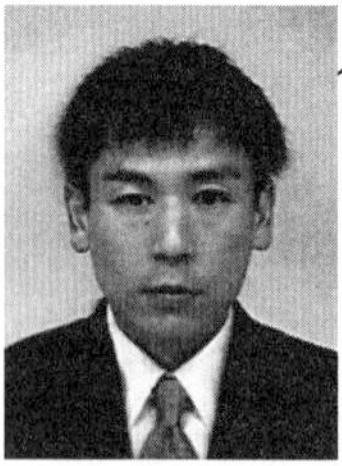

・1979年　奈良県生まれ
・2002年　追手門学院大学経営学部　卒業
2010年　追手門学院大学大学院経営学専攻博士後期課程　修了
・追手門学院大学経営学部　専任講師

二〇一三年八月に追手門学院大学経営学部の専任講師として採用をしていただき、現在は母校の教員として後輩の成長を願い日々の研究・教育活動に取り組んでいます。そのなかで教員として、特に力を入れていることは「ＰＢＬ（Project Based Learning）：課題解決型学習」と呼ばれる学生の主体的な学びを教育する方法です。これは、比較的新しい手法ですが、社会人基礎力の向上につながることが期待され、近年、多くの大学で導入されつつあります。大学では現在、二つの科目をこのＰＢＬ型の授業で実施をしており、一つは、課題を「新商品企画」として、企業の方にご協力していただき、プロジェクトを進めています。そして、もう一つは、課題を「大学および茨木市地域の活性化」として、学内の課題解決や大学の地元である茨木市の活性化に向けたプロジェクトに取り組んでいます。こういった取り組みは前年度も行い、多数の学生が多くの時間を使って活動を進めてくれましたが、活動が進むほどに主体的な学びの必要性を実感して、発言や行動の変化と成長をしてくれていると感じることができたことはとても幸せな経験でした。

また、教育ということでは大学以外にも取り組む機会をいただき、追手門学院大手前高等学校の追手門コース二年生・三年生を対象に経営学分野に関する授業も担当しています。三年生コースでは大学のベンチャービジネス研究所が主催するコンテストである「グッズコンテスト」や「ビジネスプランコンテスト」に向けた準備を行い、七月に開催されたグッズコンテストでは、担当した学生のなかから奨励賞の獲得者を出すことができました。今後は十一月に行われるビジネスプランコンテストに向けて、高校生もさらに上の順位を目指し頑張ろうとしてくれています。高校生には同じ追手門学院の一員として、大学での学びを体験してもらい、より高い目標を持って次のステージに進んでいってくれることを願っています。

このように、今は学生に教える立場になっていますが、今の自分があるのはやはり「追手門学院大学で学んだ期間があったからこそ」ということを、教員となってから特に強く思うようになりました。どの先生も授業後や研究室に話を聞きに行けば、忙しいにもかかわらず歓迎してもらえ、詳しく説明をしていただけました。それにより、興味があることをより詳しくより深く知りたいという思いが強まり、今でも高価に感じるような専門書を、大学生のときに購入して読んでいたことには自分でも驚きを感じます。そのような思い出のように、自分がもらった大切な時間を、今度は自分が今の学生に対して少しでも同じようにしていくことができれば、という強い使命を感じています。

二〇一四年に「自分史上、想像以上!」「想像もしなかった自分史がはじまる」というUI(ユニバーシティ・アイデンティティ)が策定されましたが、追手門学院大学で想像を超える自分史をスタートしたと感じている私自身が、多くの学生に卒業後にその思いを強くもってもらえるように、努力と継続で応えていく。十年後、二十年後の追手門学院大学を同じように語ってくれる人になってくれることを信じて。

最後に、追手門学院の教職員、学生、校友会、すべての方々に心より感謝申し上げます。

追大在学生へのメッセージ

原　健人

- 1955年　大阪府生まれ
- 1977年　追手門学院大学経済学部　卒業
- （株）データコントロール代表取締役社長。
  原鉄道模型博物館副館長。

大学入学前はあれこれ希望を持っていても、入学したら思ったより授業がつまらなかったり（すみません）、クラブや友人にも慣れてマンネリした毎日をただ時間を消化するだけで通っている後輩諸君がおられたら、今からでも遅くありません。

せっかく生まれてきたのです。いただいた貴重な時間です。

今の時間の過ごし方を充実させれば、今後の人生が進めば進むほど強く生き抜いていくことができ、見かけに左右されない実感できる幸福をつかむことに繋がります。

私が社会に出て強く思うことは、学問は人間形成のほんの一部でしかなく、特にデジタル社会となった現代では、より人間性が重要視される社会になっていると感じます。

社会が求めているのは勉学優秀だけの人でなく血の通った人なのです。

もし貴方がそのような人物を目指したいのであれば、今すぐにでもさまざまなことを経験するのがいいでしょう。

知っていることよりも、知らないことの方が数億倍あるのです。

生きていて何事を始めるのも遅すぎるということはまったくありません。

思い立ったら吉日、まず行動です。


ただ経験しなさい……と言っても何を？　となってしまうかもしれません。

そこでまず身近なことに問題意識を持ってみてください。


普段身近に接しているのに何も感じていない……たとえば通学路の景色、教室のレイアウト、学食のメニュー、友人の行動、国会中継、ふと耳に入った音楽、将来のこと、宗教観、旅行したい場所、地球の未来、等々、何でもいいからちょっとだけスポットを当てて見つめてみてください。


すると、「私ならこうするのに」とか、「なぜそうなるの？」とか、「これはやってみたいなぁ！」とか、「これを調べなきゃ！」とか、きっと何かを思うはずです。

思った内容はどんどん変化するかもしれません。

若いのだから、朝と夜で考えが変わったって構いません。

最終結論なんていりません。

今はそれよりも、さまざまな事象現象に幅広く問題意識を持って、どんどん行動に移し体験することです。

できれば少々しんどい体験がいいかな。


どうしてこのようなメッセージを送りたいのか。

それは、追大で過ごす時間が、将来の自分を形成するために、たくさんの経験をしておく貴重な場所であることを伝えたいからです。

自分の人生は自分の責任で切り開くことが大切であり、そんな生き方が幸福に繋がると信じています。

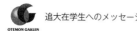

この世に生まれてきたのは、その人に何かのお役があってのことだと思います。
人生はそのお役を達成する為の志を見つける時間かもしれません。
幸せになるための多くのハウツー本が出版されていますが、そんなものに頼る必要はまったくありません。自分の中にしかそれを見つける方法はありません。

生まれてきた時点で、すでに大きな可能性を持っているのです。

それを引き出せるのは自分自身しかありません。


毎日を一生懸命に過ごしていると、生きる事で自分自身を育ててもらえます。

できなかった事ができたり、見えなかったものが見えたり、会うべき人と出会ったりとか。

一度この循環が始まると雪だるま式にどんどん成長させてもらえます。

成長とともに価値観が形成され、それが生き方の軸となり、そこから志が見えてくるのです。

だからこそ社会のしがらみに囚われない学生時代に、できるだけたくさんの物や人に触れ、経験を積み重ねることが大切なのです。


自分の志すべき方向が見つかり、それに向かって人生を歩ませてもらえる人は最高に幸せな人だと思います。

そういう人だけが人生に一〇〇％満足して旅立っていけるのかもしれません。

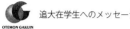

それは心がけしだいで誰にでもできることだと思います。

何をするにしても一つだけ気にしておいてほしいことがあります。

それは常に感謝の気持ちを持つことです。

何に対して感謝するのかはその人それぞれです。

この気持ちを忘れずにいると、あなたがこの世で大成功したときでもずっと謙虚でいられることができ、虚像に埋もれることなく心から幸福感を味わえ、それを持続させることに繋がるのではないかと思っています。

まだまだ道半ばの私ですが、追大で過ごした四年間で経験したたくさんのいいことも悪いことも、現在の私の前向きな生き方の大きな肥やしになっています。

後輩諸君、ぜひ今のうちにたくさんの肥やしを撒いておいてください。

最後に、大学運営に携わっていただいているみなさまに。

追大生が自分たちの可能性を見つけられる、他にはない独自の環境創りをよろしくお願いします。

私の夢

福島　わさな

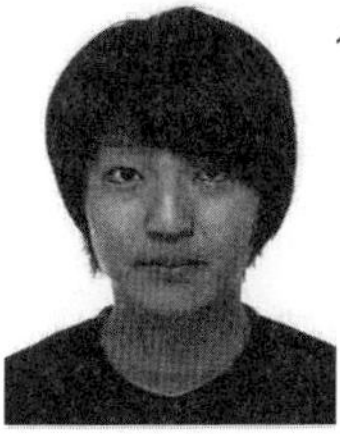

・1996年　タイ生まれ
・2014年　追手門学院大学国際教養学部入学
・同大学　女子ラグビー部所属

私には夢がある。それは、オリンピックで一番になること。二〇一六年から七人制ラグビー（セブンズ）がオリンピック種目になる。私は父の影響で六歳のころから、男の子たちに囲まれてラグビーを始めた。小学六年生のころには、女子ラグビーに出会い女子ラグビー日本代表があることを知った。そしてその当時の私の夢は、女子ラグビー日本代表になることだった。

高校は、女子ラグビー部のある島根県の石見智翠館高校へ入学。地元大阪から親元を離れ、島根県で寮生活をしながら、毎日のように練習に明け暮れた。高校二年生のときには、半年間ラグビーの本場ニュージーランドに留学しラグビーを学んだ。帰国後は、日本代表育成チームであるセブンズアカデミーに召集されるようになった。そしてそのころから、オリンピックで一番になることが夢となった。二年生の冬にはユース日本代表のメンバーに選ばれたが、大会直前合宿で怪我をしてしまい、試合には出られないという悔しい思いをした。だが、目の前の日本代表のユニホームが自分にだけ渡されなかったという経験が、そのころ精神的に弱かった私を強くした。どんなに苦しい練習でも、ユニホームをもらえなかったときの光景が思い出され、絶対に負けないと思えるようになった。そして、自然と自信がついてきた。自信がつくと、結果もついてくるようになった。高校三年生の四月には、第二回全国高等学校選抜女子セブンズラグビーフットボール大会で優勝し、MVP賞を受賞した。また、その年の八月には中国・南京で開催された第二回アジアユースゲームズのメンバーにも選ばれ、ユース日本代表として出場し優勝した。翌月の九月からは、女子セブンズ日本代表（サクラセブンズ）の育成選手として代表合宿に召集され、翌年二月にはIRBワールドシリーズブラジル大会のメンバーになり、小学校六年生のころからの夢が叶った。しかし、ユース代表では主力だった私が、フル代表の世界大会に出ても世界には通用しなかった。

高校三年生の私は、どこの大学へ行くか迷った。どこへ進学すれば自分を磨き、オリンピックで優勝できるのか。その答えは、追手門学院大学だった。本学の女子ラグビー部の監督である元日本代表の後藤翔太さんのコーチングを受けたときに、絶対にこの人についていこうと決めた。今までのラグビーの考え方を一新された。後藤監督の考え方は、日本人が世界に通用する考え方だと思った。

二〇一四年四月、私を含めたラグビー経験者五人、他スポーツからの転向者六人で全国一を目指す集団として練習が始まった。だが、入学して一か月が経ったとき、私は練習中に右膝前十字靭帯を断裂してしまった。入院し手術を受け、長いリハビリ生活が始まった。何もかもがうまくいっていた日々からどん底に落とされた。全治八か月と言われ、先が見えなくなった。だが、後藤監督はこう言ってくれた。「怪我が治ったときには、今よりも何倍も強く上手い選手になろう」。その言葉のおかげで、この怪我で下を向いている場合ではない、この怪我は自分を強くするために、神様が与えてくれた試練なのだと思えるようになった。

後藤監督のコーチングを受けるチームメイトは、日に日に成長する。私のなかの後藤監督は、最初に会ったときから〝魔法使い〟だ。彼の一言で、プレーヤーのパフォーマンスが一変し、それを見た観客もラグビーがおもしろいものだと感じる。私は、後藤監督に出会わなかったら、今までしてきたラグビーの延長線上にいるだけだったと思う。でも、今は異次元の世界にいる。私はこの四年間、異次元の世界で、魔法にかかったモンスターに化ける。そして、夢を叶えるのだ。

自分は誰のために生きるのか

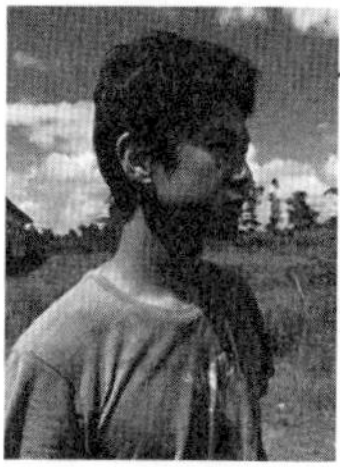

古川　純平

・1978年　大阪府生まれ
・2001年　追手門学院大学文学部　卒業
・カンボジアトレーディング株式会社　代表取締役。財団法人カンボジア地雷撤去キャンペーン　元副理事長・事務局長照りつける太陽の下で、一歩も動けないまま十分ほど経っていた。

周囲は蔓と古木で簡単に作られた柵に囲まれている。今立っている場所から柵まで約十メートル。歩いても五秒かからない。しかし無造作に立てかけられた「地雷危険」の看板が私を動けなくさせていた。

「足失うんか……、ここで死んでしまうんか……」

追手門学院大学を卒業して三年後、国際ＮＧＯ「カンボジア地雷撤去キャンペーン」の初代駐在員として私はカンボジアに赴任していた。小学校建設の現場のまわりを散策しようと歩き出して一分後に、地雷原に入ってしまっていた。

恐怖がくる。そのたびに覚悟を決めるがまた恐怖で動けない。いろいろと自分に言い聞かす。そして何度目かの覚悟を固めて歩き出す。

「行こう」

じわじわ、一歩一歩、進む。入ってきたときの自分の足跡を探しながら、「ここは大丈夫、ここは大丈夫」と言い聞かせる。

脱出できたのは地雷原に入って二十分後だった。

現地駐在員としてのカンボジア生活は、日本にいては決して体験しえないものばかりだった。走行中の乗り合いトラックの荷台で出産に立ち会うことになったり、森で酔った軍隊に銃をつきつけられたり。死を身近に感じることが多かったが、そのぶん生きる力が湧いていた気がする。

大学では文学部イギリス・アメリカ語学文学科に入学した。女の子が多いだろうとか、英語が話せたらかっこいいなという理由で専攻した。部活やサークルにも入らず、学校での講義とバイトを繰り返す毎日だった。そして大学四年くらいからずっと悩んでいたことがあった。自分が生まれてきた意味は？　自分の存在意義はあるのか？とりあえず就職して、企業のために働くということに違和感を持っていた。毎晩考え続けた。寝る前になるといつもその疑問が浮かぶので、とにかく考え続けた。

ようやく得た答えは、自分の存在意義は自分で作るしかない。そして、それは自分ではなく他人が決めるということだった。

「他人に認めてもらうために他人の役に立つことをしよう。それが自分の存在意義につながる」

さらに大学卒業後、深夜のドキュメンタリー番組で、義足をつけてサッカーをする少年を見た。これまでの何不自由のない自分の人生と比較しながら、その映像を見ていた。怒りが込み上げてきた。彼の足を奪った地雷に対してなのか、自分の今までの人生に対してか、地雷被害をなくしたいという気持ちで胸が熱くなった。

「地雷で苦しむ人の役に立つ。それがわたしの存在意義だ」。三十六歳になった今も変わらず、わたしの信念としてある。後輩のみなさんも将来の仕事について悩むことが多いと思うが、「誰のために生きたいか」を考えると答えが出やすいと思う。

カンボジアでは、地雷被害者のためのラジオ番組を作ることに奔走し、地雷被害者へのアンケートや地雷撤去団体や病院、義足リハビリセンターへの協力をとりつけ、資金を集めるため企業や団体を訪問して回った。「日本人なのにカンボジア語が上手だね！」「こんなにカンボジア語を話せる外国人は見たことがないよ！」と興味を持ってもらうことで、みな話を聞いてくれた。大学時代に「言語の科学」を受講していなければ、カンボジア語を覚えようという気にもならなかっただろう。

私の場合、大学を卒業してから追手門とのつながりを実感している。

追手門時代の一番の親友である宮崎章嘉君は、カンボジア駐在員時代に日本の荷物を部屋一室分丸ごと預かってくれ、今もボランティアで応援してくれている。国兼先輩との偶然の出会いにより校友会九州支部にも参加することができ、岩崎支部長や、しゃべりだしたら止まらない先輩女子のみなさん方にもいつも活動を応援いただいている。また帰阪したときには、校友会でお会いした先輩方にご馳走していただくことも多くなったので、これからは帰阪する回数をもっと増やそうと思っている。

最後に、追手門学院大学創立五十周年にあたり、このような機会をいただいたことに深く感謝します。信念を持って自分の役割をまっとうすることが母校への一番の恩返しになると信じ、これからも地雷被害者のために活動していく所存です。

HAPPYに、いこう！

六車　奈々

・1973年　京都府生まれ
・1996年　追手門学院大学文学部　卒業
・タレント

在学生の皆さん、今HAPPYですか？

「YES」と答えたあなたは、とても頑張り屋さん。
「YES」と答えられず、現状に不満な方がいるとすれば、
それは自分が招いた結果なのかもしれませんよ。

今の自分は、過去の自分が作り上げたもの。
全ては、自分の責任。
私もそう思えるまでに、とても時間がかかりました。

私は16歳からモデルの仕事をはじめました。
しかし高校時代は大した仕事もなく、
追手門学院大学ではアメリカ民謡研究部に所属し、部活に没頭する毎日。
そこで自分の可能性を試したいと思い、卒業後はモデルの道を選びました。

プロになっても、最初はスケジュールが真っ白。
オーディションに行っても、10のうち1つ受かればいいところ。
身長160cmの私が売れっ子になるには、どうすればよいのか？

まず思いついたのは、「売れっ子の真似をしよう！」でした。
なぜ可愛いの？メークは？髪型は？服装は？
仕事やオーディションのたびに、そのワザを盗みました。

続いて、「自分が何を求められているか」を理解することが大切だと気づきました。
オーディションや仕事の現場で、「どんなイメージを求めているのだろう？」と考え、
それに見合った服装・メーク・受け答え・ポーズをするようになりました。

こうして仕事は順調に増え、

私はテレビ・ラジオへとその分野を広げていくことになりました。


そして2005年。

TBS系・お昼の連続ドラマ『病院へ行こう！』の主役オーディションに、総勢500人の中から大抜擢。

拠点を東京へと移し、新たな道がスタートしました。


昼ドラの現場は、とにかく戦い。

少ない睡眠に沢山のセリフ、過酷なスケジュール。


ですが一番やりたかった芝居ができて、心から幸せな毎日でした。

これからもっと、いろんな芝居ができるといいな！

そう思い、現場に没頭しました。

ところが。
人生とは、そううまくいくものではありません。

昼ドラがクランクアップし、日常に戻ってしまった自分。
まるでシンデレラの魔法がとけたように、
再びスケジュールが真っ白な毎日が襲ってきました。

誰も頼る人がいない東京で、仕事のない毎日。
せめて名前と顔を覚えてもらおうと事務所には通うものの、仕事は増えず。
そのうちに、だんだん自分に自信がなくなっていきました。

当時、レギュラー番組が2本あったのですが、
慣れていたはずの番組で、緊張するようになりました。

自分の出番が怖い。
自分に自信がない。
顔が真っ赤になる。

症状を調べてみると、「赤面症」のようでした。

人前に出る仕事なのに、人に見られるのが怖いなんて。
何としても治さなきゃ…！

病院へ行く勇気もなかった私は、ひたすらネットで調べました。
でも、何を見ても自分が治りそうなものはありませんでした。

そこでまずは、自分を受け入れようと思いました。
緊張して赤くなるのがダメだと思うから、余計にパニックになってしまう。
「赤くなってもいいやん！リンゴみたいで可愛いのよ！」って（笑）

更に、自信をつけるために資格を取ることに。
健康マニアだった私は、健康管理士一般指導員の資格を取得。
すると道が開け、新しい健康番組のレギュラーが決まりました。
さらに、日本成人病予防協会・認定講師の資格も取得。

今では、全国で講演の仕事もしています。

どんな小さなことでも、自分が一つ変われば
自分を取り巻く環境に変化が生まれました。
また一つ、また一つ…。
私は少しずつ、自信を取り戻しました。

今の自分は、過去の自分が作った結果。
今の自分の言動は、未来の自分を作っていくこと。

未来の自分が、もっとHAPPYでいられるように。

一番大切なのは、自分を信じてあげること。
そして、まわりの全てに感謝をすること。

一度しかない自分の人生、
自分らしく、花を咲かせたいですね。

あとがき

追手門学院大学校友会　会長　林田　隆行

このたび「追手門学院の履歴書（大学編）・自分史を語る」を発刊することになりました。

これはすでに刊行済みである企業人編、文化人編、スペシャリスト編に続く追手門学院の履歴書シリーズの第四刊となります。

これまでと違うのは、二〇一六年に創立五十周年を迎える追手門学院大学の卒業生（在学生3名を含む）が綴っておられるところです。

明治二十一年（一八八八年）、大阪偕行社附属小学校（現追手門学院小学校）からスタートした学院は、百二十七年の歴史を持っていますが、大学はそれに遅れること七十八年、学院関係者の期待を一身に集めて昭和四十一年（一九六六年）に、茨木、安威の丘に開学いたしました。二学部四学科での出発でしたが、第一期の卒業生を輩出したのは昭和四五年（一九七〇年）、千里丘陵で世界万国博覧会が開催された年でした。以来、追手門学院大学は四十九年の歴史を刻み、平成二十七年（二〇一五年）から新たに地域創造学部を加え、六学部八学科に発展するとともに、四万人を超える社会有為の人材を送りだしてきました。

　平成二十八年（二〇一六年）に大学創立五〇周年の節目を迎えるにあたり、各界で活躍しておられる大学卒業生のみなさまから玉稿をお寄せいただき、本書を発刊することができました。

　今回の発刊は、大学在学生をはじめ、卒業生や教職員、追手門学院関係者の全てにとっての喜びであり、総合学園として発展してゆくうえでまさに心の糧となるものです。

また、さらなる発展を期し、改革に取り組んでおられる大学、学院のブランドイメージの向上にも大いに寄与するエッセイ集であると思います。

本書を通じて、多岐にわたって活躍されている追手門学院大学卒業生の存在を、多くのみなさまにお伝えするとともに、追手門学院大学が、次の日本を支えて行く、有為な人材を輩出し続けてゆける貴重な存在であるということも、ご理解いただければと願うところです。

追手門学院大学の今後益々の発展を心から祈念するとともに、執筆いただきましたみなさまはじめ関係者のご努力に、感謝と御礼を申し上げます。

ありがとうございました。

追手門学院大学創立50周年記念出版

50!

追手門学院大学

変わるもん、おうてもん。

追手門学院大学創立50周年記念事業事務局

追手門学院の履歴書
～自分史を語る～　大学編

2015年3月30日初版発行

編　者　追手門学大学・学長　坂井 東洋男

発行所　追手門学院大学出版会
〒567-8502
大阪府茨木市西安威2-1-15
電話（072）641-7749
http://www.otemon.ac.jp/

発売所　丸善出版株式会社
〒101-0051
東京都千代田区神田神保町2-17
電話（03）3512-3256
http://pub.maruzen.co.jp/

編集・制作協力　丸善株式会社

組版　株式会社明昌堂
印刷・製本　大日本印刷株式会社
ISBN978-4-907574-11-6 C0095